ARTUR ROSENSTERN

PLANET GERMANIA

ÜBER DIE CHANCE, FREMD ZU SEIN

Verlag  Monika Fuchs

www.verlag-monikafuchs.de
www.artur-rosenstern.de

Bibliografische Informationen der Deutschen Nationalbibliothek:
Die Deutsche Nationalbibliothek verzeichnet diese Publikation
in der Deutschen Nationalbibliografie;
detaillierte bibliografische Daten sind im Internet über
http://dnb.d-nb.de abrufbar.

Überarbeitete Neuauflage
ISBN 978-3-940078-40-7 – auch als eBook erhältlich

Das Buch erschien unter demselben Titel bereits 2012 im Schardt-Verlag
(Oldenburg).

Covergestaltung und Satz: MedienBüro Monika Fuchs | Hildesheim
Illustrationen: Christa Lippich | Wetzlar | www.christa-lippich.de

© 2015 by Verlag Monika Fuchs | Hildesheim

Printed in EU 2016

INHALTSVERZEICHNIS

7   Von Ossis und Wessis, Nordis und Südis

9   Ankunft im gelobten Land

21   Auf dem Weg zur ersten Million

40   Andere Länder, andere Sitten

53   Von Ganoven und Tomaten

60   Dr. Dudinger kommt ins Spiel

70   Eine Nase für Herrn Schlüpfmann

86   Hast du etwas, bist du etwas

92   Bettdecken auf Kaffeefahrt

111   Die Million ist nicht alles

115   Das Lied vom Freund

128   Wie fühlt sich Deutschland an?

133   Vom Spuk deutscher Altmeister

153   Dr. Dudinger plant ein Buch

161   Väterchen Frost schlägt den Weihnachtsmann

173   Stolz, ein Wessi zu sein!

178   Nachwort

180   Der Autor

VON OSSIS UND WESSIS, NORDIS UND SÜDIS

So wie es viele verschiedene Menschen gibt, gibt es auch viele unterschiedliche Deutsche; es gibt kleine und große Deutsche, helle und dunkle Deutsche, dicke und dünne Deutsche. Es gibt brasilianische Deutsche, die sehr gut Samba tanzen können, und es gibt amerikanische und australische Deutsche, die keine deutsche Sprache mehr sprechen, keine deutsche Ordnung kennen und sich fast ausschließlich von Pommes und Burgern ernähren. Es gibt polnische Deutsche, die liebend gern deutsche Autos fahren, und es gibt rumänische Deutsche, die sich zwar ebenfalls gern mit deutschen Autos zeigen, jedoch bei Weitem nicht so flink beim Fahren sind wie die polnischen Deutschen. Außerdem gibt es kasachische Deutsche, die einigen Zeitungen zufolge unter bestimmten Umständen gefährlich werden können, und es gibt Russlanddeutsche, die noch gefährlicher sein sollen – aber meist nur dann, wenn man sie beim Feiern stört. Nun ja, soll man den Zeitungen stets Glauben schenken?

Es gibt ferner die Norddeutschen, die Süddeutschen und die Ostdeutschen – von manchen »Ossis« genannt (böse Zungen behaupten, sie könnten ebenfalls kein richtiges Deutsch mehr sprechen). Und es gibt schließlich die Westdeutschen – auch als »Wessis« bekannt. Diese Spezies soll am allerdeutschesten sein, wurde unserem Helden Andrej eines Tages berichtet. Sie sprächen das feinste Deutsch, backten die leckersten Brötchen, seien sehr pünktlich und legten im Übrigen unheimlich viel Wert auf die weltweit bekannte deutsche Ordnung.

Schon in seiner frühen Kindheit hatte Andrej von der deutschen Ordnung viel Gutes vernommen und gehört, wie Menschen mit Respekt davon sprachen, den deutschen Fleiß bewunderten und von ihrem Technik-Schnickschnack (sicherlich auch von den schnellen Autos) schwärmten. So träumte Andrej davon, selbst einmal eine Zeitlang im deutschen Lande zu leben. Mehr noch, er hatte sich fest vorgenommen, irgendwann ein echter Wessi zu werden, damit man ihm mit Achtung begegnete. Wie er dies anstellen sollte, war ihm zunächst nicht klar. Eins wusste er sicher: Er musste um jeden Preis in das Land dieser Westdeutschmenschen gelangen, um ihre charakteristischen Verhaltensweisen zu studieren, zu versuchen, ihnen ähnlich zu werden und Freunde unter ihnen zu gewinnen. Oder vielleicht gar eine Freundin …?

Ob ihm das gelungen ist? Andrej persönlich bat mich darum, seine Abenteuer auf dem »Planet Germania« (wie er Deutschland des Öfteren nannte) für ihn aufzuschreiben. Zugegeben, als er mich zum ersten Mal darauf ansprach, hatte ich meine Bedenken. Doch als ich ihn eines lauwarmen Sommerabends bei uns auf der Terrasse seine Geschichten erzählen hörte, waren meine Zweifel zügig zerstreut. Aus ihm sprudelte eine Mischung aus Witz und Humor, zugleich Ernst und Melancholie, so dass ich oft nicht wusste, ob ich weinen oder lachen sollte. Bereits am nächsten Morgen spitzte ich meine alte eingetrocknete Feder und begann zu schreiben.

ANKUNFT IM
GELOBTEN LAND

1990

D as ist es also«, sagte Andrej leise zu sich selbst. Seit Monaten hatte er sehnsüchtig auf diesen Moment gewartet, Wochen und Tage gezählt. Und nun, im Jahr 1990, war dieser Augenblick endlich da. Er hatte den 3. Oktober gewählt, in der Hoffnung, ihn würde jemand am Flughafen abholen. Dieser Tag war zum ersten Mal in der deutschen Geschichte arbeitsfrei, wurde als »Tag der Einheit« gefeiert. Andrej stand am Flughafen Frankfurt/Main, mit nur zwanzig Mark in der Tasche, von zahlreichen glänzenden Lichtern und wundersamen Geräuschen umgeben, wie er sie niemals in seinem Leben gesehen und vernommen hatte.

Zwanzig Mark! Lediglich diesen kleinen Betrag hatte er in seinem Heimatland in die deutsche Währung umtauschen dürfen. Den Rest gab es in Dollars und als Scheck. Da dies sein erster Scheck im Leben war, präsentierte er ihn alsbald mit Stolz einem alten Freund in Moskau, bei dem er auf dem Weg in den Westen kurz vor Anker ging. Der Freund staunte sehr. Dann aber, während des Flugs, hatte Andrej sich sorgen müssen, ob sich dieses Stück Papier zügig in die deutsche Mark eintauschen lassen würde. Er war sich immer noch nicht sicher, ob ihn jemand in Frankfurt erwarten würde. Und er fragte sich besorgt, wo er nachts unterkommen könnte, sollte tatsächlich niemand erscheinen. Er hatte zwar am Tag zuvor ein Eiltelegramm an seine Verwandten gesendet, hatte aber keine Kenntnis davon, ob diese wichtige Nachricht am Ziel eingetroffen war.

Andrej war jedenfalls eingetroffen. Er schaute sich in der riesigen, geschäftigen Ankunftshalle besorgt um und überlegte, wie er an sein Gepäck kommen würde, denn neben dem Scheck war ihm sein alter sowjetischer Koffer zumindest ebenso wichtig, weil er fürs erste Überleben allerlei wichtiges Zeug beinhaltete: zum Beispiel eine echte russische Gusseisenbratpfanne, um Bliny zubereiten zu können, und einen Kochtopf aus Aluminium, um zur Not Nudeln zu kochen.

»Im Hotel gibt es bestimmt kein Kochgeschirr!«, hatte ihn seine Mutter gewarnt, als Andrej sich beim Kofferpacken gewehrt hatte, die Bratpfanne und den Kochtopf mit auf den langen Weg zu nehmen. »Und ob die Verwandten dein Telegramm bekommen werden, weiß man ja nicht«, hatte sie dann hinzugefügt. Und damit die Kochausrüstung komplett war, hatte sie noch Besteck, Streichhölzer, Nudeln und eine Packung Salz zwischen Andrejs modische, kurz zuvor auf dem Schwarzmarkt besorgten Schlüpfer und Wollsocken gepresst. Zwei Tage später, am Moskauer Flughafen, hatte er sich schämen müssen, als ein sowjetischer Zollbeamter abfällig über den Kofferinhalt witzelte: »Ach, schau! Fährst du zum Campen nach Deutschland?«

»Nein, ich fahre auf Tournee«, konterte Andrej, während sein stets blasses Gesicht auf der Stelle dunkelrot anlief. Er machte den Beamten auf das in ein Handtuch eingewickelte

Saxophon aufmerksam, welches zwischen allerlei Kochutensilien sicher verstaut lag. Aber als Andrej sich am Infostand des internationalen Flughafens wiederfand – mit lediglich zwanzig Mark in der Tasche und ein paar Brocken Hochdeutsch im Wortschatz – sah er ein, wie recht seine Mutter hatte. Sie war niemals in ihrem Leben im Westen gewesen, noch nicht einmal in einem der vielen Bruderländer des Sowjetlandes, und doch musste ihr der natürliche Mutterinstinkt ins Ohr geflüstert haben, dass auch hier auf ihr Kind alle möglichen Gefahren lauerten.

Andrej erkundigte sich bei einer abwesend umherschauenden, auf den ersten Blick netten Blondine nach seinem Gepäck. Sie streckte ihre rechte Hand in die Richtung aus, in die sich der laut sprudelnde, bunte Menschenstrom drängte, und verlor kein einziges Wort.

»Danke!«, sagte Andrej und legte ihr im nächsten Moment den Scheck vor. »Sie wechseln … bitte?«

Die Blondine drehte den Scheck zwei Mal um, lachte frech auf, zeigte dabei ihre blitzsauberen Zähne und antwortete: »Nein, nein, da entlang …"

Andrej reihte sich in die Menge ein, doch schon nach wenigen Schritten stand er in einer Schlange, die sich vor der Passkontrollstelle sichtlich verdickte. Das fängt ja gut an, dachte er leicht verärgert. Er erinnerte sich eines Bekannten, der Deutschland bereits einmal besucht hatte. Dieser hatte ihm berichtet, in diesem Land gäbe es keine Warteschlangen.

Andrej kämpfte sich alsdann bis zur Passkontrollstelle durch und versuchte noch einmal sein Glück. Zusammen mit dem Reisepass reichte er den Scheck ein und fragte: »Bitte! Sie wechseln?« Auch hier, dem Rat des erwähnten Bekannten folgend, grinste er so breit wie er nur konnte. Der hatte ihm nämlich geraten: »Du musst immer schön lächeln, dann erreichst du alles in Deutschland.«

Der steife Beamte am Schalter, der etwas vor sich hin nuschelte, wirkte nicht ein bisschen freundlicher als der sowjetische Grenzbeamte, der ihn drei Stunden zuvor gezwungen hatte, den Koffer mit den Kochutensilien komplett auszupacken. Er machte sich zudem keine Mühe, Andrej ins Gesicht zu schauen.

»Was Sie sagen?«, hakte Andrej nach.

»Zu einer Bank müssen Sie damit!«, redete dieser plötzlich laut auf Andrej ein. »Verstehen Sie mich? Bank! Bank!«, fuhr er fort und schmetterte ihm den Reisepass vor die Nase.

Andrej nickte unsicher. Natürlich wusste er, was »Bank« bedeutet. Einzig, wo sollte er an einem Feiertag eine Bank finden?

Im selben Moment erblickte er in der Menschenmenge hinter der dicken Glasscheibe ein grauhaariges Pärchen, das ihm mit allen vier Händen zufuchtelte. Der Herr sprang gar leicht in die Höhe und wedelte mit der Kappe, um sich bemerkbar zu machen. Zögernd musterte Andrej die beiden, um sicher zu gehen, dass sie wirklich ihn meinten, und erkannte in ihnen mit Mühe seine lieben Verwandten, den Onkel und die Tante, die er seit vierzehn Jahren nicht mehr gesehen hatte. Sie dagegen konnten sein Gesicht auf der Stelle zuordnen. Er würde genauso wie sein Vater ausschauen, sagte der Onkel.

Andrej atmete erleichtert auf. Man konnte sich also auf die sowjetische Post doch verlassen. Im Flugzeug hatte er sich schon ausgemalt, wie er mit dem schweren Koffer, dem Kochtopf, der Bratpfanne und dem Saxophon, von Frankfurt am Main bis nach Detmold per Anhalter fuhr, zwischendurch am Straßenrand Nudeln mit frisch gesammelten Pilzen zubereitete und im dunklen Fichtenwald unter einer Riesentanne auf herbstlich feuchtem Laub nächtigte. Allein die Vorstellung ließ ihn frösteln.

Stattdessen saß er zum ersten Mal in seinem jungen Leben in einem echten Mercedes-Benz, der schneller und stärker war als die hundert besten Pferde der Welt (und zugleich viel besser roch als die Tiere), und ließ sich in Richtung des sagenumwobenen Teutoburger Waldes kutschieren.

»Auf die PS kommt's'ch hier an, Bub«, sagte sein Onkel in einem charmanten altschwäbischen Dialekt. Dabei konnte er gerade mal über das Lenkrad auf die Autobahn schauen. »Hascht du viele PS, bischt du was, hascht du wenig PS, bischt du nix!«, fügte er hinzu. Problemlos überholte er kleinere Autos, die in den meisten Fällen von älteren Menschen gesteuert wurden. Auf der linken Überholspur rasten Hunderte hellbunte Lichter an ihnen vorbei – Wagen, die Andrej noch nie zu Gesicht bekommen hatte und die vermutlich noch mehr PS hatten als der weiße Mercedes des Onkels. Er erlaubte sich einen Blick auf den Tachometer und schloss sofort die Augen. Kann das denn wirklich sein? Spinnt der Tacho? Er kontrollierte für alle Fälle den Gurt, ob dieser auch tatsächlich im Schloss saß, und zog es dann vor, die fremde Naturlandschaft aus dem Seitenfenster zu bewundern. Einen Augenblick lang dachte er, er wäre aus dem Flugzeug noch nicht ausgestiegen und die Maschine würde jede Sekunde wieder abheben. Aber nichts dergleichen passierte. Das Auto rollte an den herbstlich geschmückten Feldern und Wäldern vorbei, mal ein bisschen langsamer an den Stellen, wo es bergauf ging, mal schneller, wenn es in einen Talkessel hinunterfuhr.

Nach und nach gewöhnte sich Andrej an die Geschwindigkeit. Das Betrachten der rasch wechselnden Landschaften lenkte ihn in der Tat ab. Einen echten Wald zu sehen war ihm noch nicht vergönnt gewesen; überwiegend trockene, weite Steppen prägten das Bild der südkasachischen Landschaften, dort, wo er die Welt als kleiner Wurm erblickt hatte. Dazu gab es vierzig Grad im Schatten, einen kristallklaren, hellblauen Himmel und die unerbittliche Sonne über den ganzen Sommer hinweg. Umso mehr faszinierten ihn die fremdartigen Naturbilder, die sich nun seinem Blick boten. Ihm drängte sich die Frage auf, ob die Menschen und das Leben in diesem Land ebenso anders waren wie die Landschaften. Einerseits blickte er mit Spannung und Freude dem Neuen entgegen, spürte aber zugleich tief im Inneren ein unerklärliches, geradezu beklemmendes Gefühl aufsteigen. Würde sich seine Seele, die gerade dabei war, um sechstausend Kilometer westwärts verpflanzt zu werden, hier wohl fühlen? Würde sie in diesem andersartigen Boden gedeihen?

Unzählige dunkelgrüne Tannenbäume zeigten sich ihm in ihrer vollen Pracht. Sie schienen sich mit ihren langen Ästen zu umarmen, ihre spitzen Wipfel ragten stolz und verschwörerisch in den bläulich weißen Himmel. Als wäre er in einem Märchen gelandet: Genau so hatte er sich als Kind einen Zauberwald vorgestellt, einen Wald, in dem allerlei Geister hausten, die alte Baba-Jaga und Koschtschej der Unsterbliche sich um Reviere stritten.

An diesem Tag schaute zwar auch die Sonne auf Deutschland hinunter, doch kam sie Andrej wie ausgetauscht vor. Als wäre sie verschleiert, als traute sie sich nicht richtig, Menschen direkt in die Augen zu blicken. Aber es ist schließlich kein Sommer, sagte sich Andrej, es ist zu früh, sich darüber Gedanken zu machen.

Hascht du viele PS, bischt du was, hascht du wenig PS, bischt du nix!, hallte in seinen Ohren die Stimme des Onkels nach wie die lästige Melodie eines trivialen, zufällig gehörten Liedes. Es kam ihm bekannt vor. Bereits vor vielen Jahren war er auf ein Zitat gestoßen, das ähnlich lautete. Er wusste nicht mehr, von wem es war, und nahm sich vor, irgendwann der Sache nachzugehen. Vielleicht hatte er das Zitat sogar in eines seiner Notizbücher geschrieben. Als guter Schüler hatte er nämlich die Gewohnheit gehabt, originelle Gedanken in ein Notizheft zu übertragen. Das Problem war einzig, er hatte nun die alten Notizbücher nicht dabei. Auf diese Reise mussten schließlich wichtigere Dinge mitgenommen werden …

Die Weisheit des Onkels über die vielen PS verfolgte Andrej den ganzen restlichen Tag und die darauffolgende Nacht, ließ ihn nicht ruhig schlafen. Dass das Leben in Deutschland anders sein würde, hatte Andrej selbstverständlich geahnt. Dass er allerdings mit solchen existentiell wichtigen Fragen bereits am ersten Tag konfrontiert würde, hatte er sich niemals vorstellen können.

In seiner Heimat zerbrach man sich zu dieser Zeit noch nicht den Kopf über diese Weisheit. Die Mehrheit besaß die gleichen Dinge und fuhr dieselben Autos. Nur wenige Menschen konnten sich von der Masse mit wirklich außergewöhnlichen Dingen oder Autos mit vielen PS abheben. Daher gab es für viele keinen Grund, sich mit derartigen Themen auseinanderzusetzen.

Während der ersten Wochen in Deutschland saugte Andrej alles mit Dankbarkeit auf, was ihm die vollends integrierten Bürger über die westdeutschen Sitten berichteten. Bisher kannte er ja dieses Land überwiegend aus Briefen und Zeitungen, aber auch aus Erzählungen des (auch in Kasachstan!) bekannten Schriftstellers Ernst Theodor Amadeus Hoffmann. Und was hatten schon die überzogenen Berichte der begeisterten Perestroika-Reporter mit dem wirklichen Leben zu tun? Womöglich hatten diese Reporter nur ein paar Tage hier zugebracht, gut umsorgt in den besten Hotels. Was hatten schließlich die fabelhaften Geschichten von E.T.A. Hoffmann mit dem modernen Deutschland gemeinsam, das gerade so eindrucksvoll der Welt präsentiert hatte, wie man weltentrennende Mauern niederreißt, um eine neue, bessere Welt zu erschaffen?

Auf diese Fragen wollte Andrej irgendwann adäquate Antworten finden. Als Erstes wollte er aber alles dransetzen, in Besitz eines flinken Autos zu kommen, welches stärker als hundert Pferde war, damit er auch *etwas* werde. Würde er so einen Wagen besitzen, überlegte er, so würde ihn dies seinem Ziel, ein ordentlicher Bürger dieses Landes zu werden, näher bringen. Als er eines Tages seinen Onkel auf diese Sache ansprach, riet dieser ihm: »Du muscht richtig schaffa geh'n, dann hascht du schnell die Kohle für nen Benz!«

Der Onkel war es dann auch, der ihn aufklärte, dass hierzulande nicht die Partei dafür zuständig sei, jedem, der arbeiten möchte, passende Arbeit zu geben, sondern das Arbeitsamt. Ein Wort, das Andrej lediglich aus den sowjetischen Geschichtsbüchern kannte. Allerdings stand nichts Gutes darüber in den Büchern, die Verfasser verschmähten die miserablen Arbeitszustände zur Zeit des letzten russischen Zaren. Andrej war sich natürlich im Klaren, dass er sich nun nicht in Russland, sondern in Deutschland befand, und das ein gutes Jahrhundert später. Dennoch war ihm ein bisschen mulmig zumute, als er sich eines herbstlich-sonnigen Morgens auf den Weg zum lokalen Arbeitsvermittler machte. Und als er in der Behörde eine beachtliche Menschenschlange entdeckte und obendrein eine ganze Stunde zu warten hatte, war sein Stimmungspegel vollends eingeknickt.

Nicht ohne Stolz legte er dem Arbeitsbeschaffer sein gerade frisch übersetztes Diplom und die Arbeitszeugnisse vor. »Ich waren Zirkusmusiker«, erklärte er dem Angestellten, der auf einmal zu gähnen begann, sobald er die Urkunden sah. Auch sein nachttrüber Blick verriet, dass er zu der Sorte von Menschen gehörte, die nachts gern aktiv sind und tagsüber lieber schlafen. Andrej fiel sein notdürftig gebügeltes, blumiges Freizeithemd in die Augen. So hätte er sich niemals vor die Tür getraut. Und beim sowjetischen Militär, überlegte er ferner, würde der Kerl für so ein Aussehen auf der Stelle ein Wochenend-Ausgehverbot einheimsen. Dann würde er reichlich Zeit haben, um für die ganze Mannschaft die Hemden zu bügeln, bis er es endlich konnte.

Andrej streckte den Zeigefinger aus und wies auf die Eintragungen im Arbeitsbuch hin. Diese besagten, dass Andrej zuletzt als Bandmusiker im Staatszirkus zu Alma-Aty, der Hauptstadt von Kasachstan, tätig gewesen war.

»*Was* waren Sie?«, hinterfragte der zerknitterte Mann. Er starrte auf die Unterlagen, als hätte er das Wort »Zirkusmusiker« nie im Leben gehört, dabei streichelte er behutsam seinen Dreitagebart. Die Schreibmaschine seiner Kollegin hielt plötzlich inne, ihr Drehstuhl quiekte, und die Kollegin glotzte mit Neugier herüber.

»Zir-kus-mu-si-ker!«

»Schon wieder einer«, sagte darauf der Mann.

»Was Sie meinen?«, fragte Andrej bestürzt.

»Ihr sogenanntes Diplom wird hier nicht anerkannt«, erklärte dieser und warf die Übersetzung zur Seite.

»Warum?«

»Weiß ich nicht, ich sag's aus Erfahrung.« Alsbald fügte er hinzu: »Sie können das Ding getrost einrahmen lassen und zu

Hause im Toilettenraum aufhängen, damit Sie es jeden Tag sehen.«

Andrej registrierte ein selbstzufriedenes Lächeln im Gesicht des Arbeitsbeschaffers und erstarrte in Unsicherheit. Wo blieben bloß die guten deutschen Manieren, von denen er früher zur Genüge gehört hatte: Freundlichkeit, Entgegenkommen und Toleranz? Wie es aussah, hatte er das Leben in Deutschland durch eine rosarote Brille betrachtet, und diese bekam nun die ersten tiefen, schmerzhaften Risse.

Der Mann reichte ihm die Unterlagen zurück und musterte ihn mit einem verschleierten, gleichgültigen Blick von Kopf bis Fuß.

»Ich wüsste nicht, was ich Ihnen anbieten sollte«, murmelte er vor sich hin, drehte sich auf dem Bürostuhl nach links … nach rechts … und kratzte an der faltigen, braungebrannten Stirn herum.

Andrej war zu allem bereit: Schlachter, Straßenbauer, Postbote – ganz gleich, Hauptsache ein Job, sagte er sich. Nicht umsonst hatte man in der sowjetischen Schule gelehrt, es gäbe auf der Welt keine schlechten Berufe. Alle seien gleich, hatte es damals geheißen, man müsse sich nur trauen …

Der Arbeitsvermittler schlürfte den frisch zubereiteten Kaffee, dessen wohltuender Geruch Andrejs trübe Gedanken etwas aufzuhellen vermochte, und warf einen Blick in die gerade neu angelegte Akte.

»Bitte, ich brauchen Arbeit«, bettelte Andrej.

»Was denn für eine? Als Zirkusdirektor oder als Clown?« Die Kollegin kicherte.

»Egal, ich nehmen alles«, antwortete Andrej, dachte aber im Stillen, in diesem Hemd würde der Kerl durchweg selbst als Clown durchkommen.

Nun lachte der Mann. »Die Einstellung gefällt mir«, gab er zu wissen und fügte etwas freundlicher hinzu: »Ich würde vorschlagen, Sie machen zunächst einen Deutschkurs, dann sehen wir weiter.«

Der Sprachkurs würde ihn nichts kosten, keinen einzigen Pfennig, erklärte er Andrej ferner. Mehr noch: die Unterbringung auswärts würde eine Stiftung finanzieren. Andrej staunte, schließlich befand er sich im kapitalistischen Westen. Nicht einmal in seiner sozialistischen Heimat, wo alle möglichen Güter wie Wasser, Gesundheit und Bildung umsonst erhältlich waren, hatte er Ähnliches erlebt. Er fand den Vorschlag durchaus attraktiv und sagte deshalb zu, obschon ihm bewusst war, dass die Erfüllung des Wunsches nach dem Wagen mit vielen PS nun länger würde warten müssen. Er entsann sich auch eines Gesprächs, in dem ihm ein anderer guter Bekannter erzählt hatte, ohne einwandfreies Deutsch würde man hier sein Leben lang Schwierigkeiten haben. In einem Sprachkurs hoffte er nun, sich ein solides und akzentfreies Deutsch aneignen zu können. Spätestens in einem Jahr, stellte er sich vor, würde es so weit sein. Und dann, wer weiß, würde er eines Tages vielleicht tatsächlich Zirkusdirektor oder Dirigent werden. Sollte es damit nicht klappen, dann würde er Fernsehreporter werden und aus den entlegensten Gebieten des Sowjetreiches über die russischen Bären berichten. Dies wäre echt ein Traumjob, fantasierte Andrej, selbst wenn er der Kälte wegen seine alte, jedoch mehrfach kältebewährte Kaninchen-Ohrenmütze aus dem Koffer hervorholen müsste.

Träume hin, Träume her. Der Weg führte ihn zunächst nach Hannover (oder wie die Russen sagen: Ganower), dort wollte Andrej die schweren deutschen Vokabeln pauken und das

Wort »Hannover« richtig aussprechen lernen. Als er ein paar Monate später den langersehnten Bescheid vom Arbeitsvermittler erhielt, packte er nach Ostern seinen Koffer, in dem er sein ganzes Hab und Gut samt Kochtopf, Bratpfanne und Saxophon aufbewahrte, und begab sich in die beschauliche Hauptstadt des kleinen, jedoch weltberühmten Volkes, das sich Niedersachsen nannte. Mit Genugtuung und großer Freude erfuhr Andrej dort, dass das Schicksal ihn in eine Stadt verschlagen hatte, deren Bewohner von sich behaupteten, das allerbeste Deutsch auf der ganzen Welt zu sprechen. So ein Glück musste man erst einmal haben …

AUF DEM WEG
ZUR ERSTEN MILLION

Früh am Morgen kam Andrej in der Sprachschule an, füllte ordnungsgemäß den Anmeldebogen aus und hielt an einer Infowand inne, wo er eine Weile mit dem Lesen aller möglichen Informationen zubrachte. Er tat es stets gern, ungeachtet dessen, ob die Informationen wirklich von Bedeutung waren. Hauptsache lesen, sagte er sich, damit er so schnell wie möglich jedes Wort dieser schwierigen Sprache verstand. Bald aber klopfte ihm jemand von hinten auf die Schulter und rief voller Begeisterung: »Andrej! Wie kommst du denn her?«

Vor ihm stand ein hochgewachsener Bursche mit leuchtenden Augen und langen, lockigen Haaren. Es sah aus, als hätten seine verstrubbelten Haare seit Monaten keinen Kamm, geschweige denn eine Friseurschere gesehen. Durch den Mund, dessen hochgezogene Winkel an den Ohren befestigt zu sein schienen, strahlten Andrej schneeweiß polierte Schneidezähne an. Verunsichert reichte Andrej ihm seine Hand und verspürte unverzüglich einen ungewohnt kräftigen Händedruck. Er musste sich zurückhalten, um nicht einen Schrei auszustoßen.

»Erkennst du deinen alten Nachbarn nicht?«, fragte der überfreundliche Kerl und drückte Andrejs Hand noch fester zusammen.

»Meinen alten ww… was?«, hakte Andrej nach und wusste im selben Moment, wer vor ihm stand: »Murat!«

Andrej schüttelte ihm ebenfalls mit all seiner Kraft die Hand, allerdings nahm er seine linke Hand zu Hilfe. Es war nicht zu fassen! Er traf mitten in Deutschland auf seinen ehemaligen Nachbarn und Schulfreund aus Kasachstan, den er seit etlichen Jahren nicht zu Gesicht bekommen hatte. »Das gib's gar nicht … Wie klein die Welt ist …«, brachte Andrej aufgeregt über die Lippen.

Murat berichtete, er habe in Russland einige Semester Landwirtschaft studiert, das Studium jedoch geschmissen, weil sich die Gelegenheit ergab, in den Westen zu gehen. Außerdem habe er eines Tages beinahe eine deutschstämmige Frau mit vier Kindern geheiratet, in der Hoffnung, mit ihr nach Deutschland auszuwandern. Zum Glück habe sich aber im letzten Moment ein anderer Weg gefunden. Er strotzte geradezu vor Optimismus, sein Kopf war voller Pläne, die er verwirklichen wollte.

»In zwei Jahren bin ich Millionär!«, verkündete er mit felsenfester Überzeugung.

Andrej lachte verdutzt auf.

»Glaubst du mir nicht? Du wirst schon sehen …«, setzte er fort. »Ich will die kasachischen Tomaten nach Deutschland importieren. Hier wachsen ja keine vernünftigen Tomaten, auch Gurken nicht … Und wenn ich Millionär bin, gehe ich nach Kasachstan zurück und werde dort Präsident!«

Andrej nickte lediglich. Er wusste wenig über die Geschäftsmöglichkeiten in Deutschland und hatte Murat nichts zu entgegnen. Vorsorglich beschloss er aber, Murat nicht aus den Augen zu verlieren. Man wusste ja nie, überlegte er, vielleicht bräuchte Murat eines Tages einen zuverlässigen Geschäftspartner oder gar einen Vertrauten, den er zum Minister ernennen würde, sollten sich seine Präsidententräume erfüllen. Als dann die Organisatoren des Sprachkurses die Neuankömmlinge auf einzelne Unterkünfte verteilten, bemühte sich Andrej inständig darum, dass Murat und er in ein Haus kamen. Und so wurden sie erneut zu Nachbarn, wie in den guten, alten Zeiten, als noch das Großväterchen Breschnew die Geschicke des glorreichen russischen Reiches geleitet hatte, als dort Butter und Wurst immerdar frei im Handel erhältlich waren.

Murat als Nachbarn zu haben erwies sich einerseits als praktisch, zugleich aber als recht abenteuerlich. Der Bursche war in der Tat immer auf dem neuesten Stand, was die Entwicklungen im deutschen Geschäftsleben betraf. Einzig sein Bemühen darum, die Mitbewohner über seine Geschäfte auf dem Laufenden zu halten, fiel bald allen auf die Nerven. Ließen sich die Mitmenschen nicht von einer Versicherung oder auch einem exklusiven Parfum überzeugen (welches in keinem Laden der Welt zu einem so lukrativen Preis erhältlich war), wurde er manchmal aufbrausend. Er fuhr mehrgleisig, wie er selbst sagte, war also stets in mehrere Geschäfte involviert, um keine Zeit auf dem Weg zum Millionär zu verlieren. Sobald er eine freie Minute hatte, griff er zum Telefonhörer und ließ ihn nicht aus der Hand, bis er sämtliche Stellenanzeigen aus der Tageszeitung durchgearbeitet hatte. Eines Abends verkündete er voller Freude, dass er möglicherweise einen Job als Barmann bekommen würde. Er habe bereits einen Termin zum Vorstellungsgespräch. Man habe ihm ein vorzügliches

Gehalt in Aussicht gestellt, plus Trinkgelder. Andrej freute sich für seinen Freund aufrichtig und dachte, vielleicht würde er ja selbst auch mit Murats Hilfe an einen ähnlichen Job kommen. In den Abendstunden ein paar Bier ausschenken – warum eigentlich nicht? Es stellte sich aber bald heraus, dass Murat sich auf eine Annonce gemeldet hatte, in der Bar*damen* gesucht wurden. Und da er trotz seiner großen Statur eine ungewohnt dünne Stimme besaß, hatte man ihn offenbar für eine Frau gehalten. Gleich am nächsten Tag sagte er beschämt den Termin ab.

Ebenfalls über eine Zeitungsannonce kam er zu einem Job in einer Samenbank, und sein Gemüt wurde zusehends ruhiger. Worin die Arbeit dort bestand, erzählte er keiner Menschenseele, nicht einmal Andrej, der inzwischen zu seinem besten Freund geworden war. Die Tätigkeit schien ihn jedenfalls nicht sonderlich zu beanspruchen, da er nachts in einem bekannten Zeitungsverlag hinzuverdiente. Er hatte dort Zeitungen zu sortieren und auszuliefern. Natürlich seien diese Jobs keine Geschäfte im üblichen Sinne, sah Murat ein. Sie dienten bloß dazu, um an das Kleingeld zu kommen, das er so dringend für die »richtigen« Geschäfte benötigte – wie zum Beispiel Vermögensberatung oder Direktvertrieb im Kosmetikbereich.

Eines Tages präsentierte Murat mit Stolz seinen Vermögensberaterausweis. Andrej staunte. Wenn Andrej es wolle, könne er ein echter Vermögensberater werden, sagte Murat. Gern würde er dann ein Treffen mit seinem neuen Chef Jurek arrangieren.

Andrej wusste erst nicht, was er davon halten sollte, er hatte andere Pläne. Selbstverständlich sehnte er sich noch nach einem Auto mit vielen PS und wollte etwas werden. Einzig, er war sich nicht im Klaren, ob er deshalb den gleichen Weg wie Murat einschlagen sollte. Sobald er aber erfuhr, man könne auch nebenberuflich der lukrativen Tätigkeit als Vermögensberater nachgehen, zögerte er keinen Tag länger.

Am darauffolgenden Samstag lernte er Jurek, den Chef von Murat, kennen; dieser leitete die Agenturvertretung in Hannover. Jurek stammte aus Polen und lebte erst seit drei Jahren in Deutschland. In dieser kurzen Zeit hatte er es geschafft, sich aus einem leidenschaftlichen Rockbandgitarristen mit langen Haaren und Lederhose in einen echten deutschen Geschäftsmann zu verwandeln. Er war nicht nur in Besitz eines flinken, silberfarbenen Audi 80 mit vielen PS, sondern auch eines beachtlichen Büros mit zahlreichen kleineren Vermögensberatern, wie Murat es war.

Als Andrej das angenehm klimatisierte Büro von Jurek aufsuchte, präsentierte dieser sich in einem einwandfrei sitzenden, glänzend grauen Anzug mit schneeweißem Hemd und schwarzrotkarierter Krawatte. Sein dunkles Haar war kurz geschnitten, das Gesicht rund und wohlgeformt, die Hände blass und gut gepflegt; an der linken Hand trug er einen goldfarbenen Ring, der von seiner Verlobung zeugte.

Andrej begriff alsbald, dass das schicke Mädchen im knallroten Kleid auf dem Foto neben dem Telefon Jureks glückliche Verlobte war. Also wollte der Kerl womöglich bald eine Familie gründen, schloss Andrej daraus im Stillen, und sicher auch einige Kinder zeugen.

Jurek beherrschte ein solides Deutsch mit einem reizenden polnischen Akzent. Das Wort »Hannover« konnte er zwar schon hervorragend aussprechen, jedoch bereiteten ihm andere deutsche Laute noch Schwierigkeiten; zum Beispiel solche wie das typisch germanische »ng«, das er in zwei Lauten »n« und »g« zu sprechen pflegte.

»Wenn du bei uns anfän-gst, bist du in drei Jahren ein Millionär«, sagte er zu Andrej.

Seltsam, ging es Andrej sogleich durch den Kopf, Murat sprach doch von nur zwei Jahren?

»Wenn du neue Kunden findest und viele Termine machst«, fuhr Jurek fort, »werd ich dich fördern und die meisten deiner Bedin-gun-gen erfüllen.«

Andrej fühlte sich geschmeichelt und verstanden. Zum ersten Mal war er auf einen Chef getroffen, der sich bereiterklärte, seine »Bedin-gun-gen« zu erfüllen, ohne dass Andrej sie überhaupt vorgebracht hatte. Ohne Zweifel, Jurek war ein netter Kerl. Die Chemie zwischen ihnen stimmte, das war offensichtlich. Und als Jurek von seiner Vergangenheit als Rockbandmusiker berichtete, ließ sich Andrej sogar zu einem Scherz hinreißen: »Toll«, sagte er, »vielleicht gründen wir ja hier eine Band!«

Im nächsten Augenblick bereute er aber diesen Satz. Jurek machte zwar einen Versuch, ihn anzulächeln, verzog aber stattdessen das Gesicht zu einer Grimasse und wurde noch ernster. Andrej wechselte sogleich das Thema.

»Wie geht eigentlich das Geschäft, und was ist genau meine Aufgabe?«, erkundigte er sich.

»Wir sind eine unabhän-gige Vermögensberatung, die sich dadurch auszeichnet, dass sie den ganzen deutschen Versicherungs- und Geldanlagenmarkt nach den besten Produkten durchforstet und sie dann ihren Kunden anbietet …«

Jurek klang, als hätte er die abgedroschene Vorstellungsrede auswendig gelernt. Ohne Zweifel hatte er sie schon unzählige Male vorgetragen. Andrej musste sich arg anstrengen, um dem Vortrag zu folgen, etliche Fachvokabeln waren ihm nicht geläufig. Als Jurek dann etwas in einem Prospekt nachschlug, nutzte Andrej auf der Stelle die Pause und fragte:

»Was muss ich denn genau tun?«

»Du?«

»Ja!«

»Nun, das ist ganz einfach: Du machst am Anfang nur Termine bei deinen Bekannten, und ich begleite dich dorthin, und einmal die Woche nimmst du an Schulun-gen teil.«

»Das ist alles?«

»Ja, zunächst.«

»Und in drei Jahren bin ich dann Millionär?«

Zum ersten Mal grinste Jurek, aber nur sparsam.

»Ja…«, setzte er zögerlich an, »aber nur, wenn du meine Ratschläge befolgst.«

Das klang zwar unglaublich, zugleich jedoch überzeugend. Andrej ließ seinen Blick schweifen: der schwere Bürotisch, die dort gestapelten Prospekte und die mit Aktenordnern gefüllten Regale. Er stellte sich vor, wie er selbst, in einen dunklen Anzug gekleidet, in dem lederbezogenen Chefsessel hinter dem Tisch Platz nähme und gewichtig zum Telefonhörer griffe. Und plötzlich schien es ihm möglich zu sein. Warum sollte er es nicht versuchen? Was hatte er schon zu verlieren? Es mussten schließlich keine nennenswerten Investitionen getätigt werden, außer den achtzig Deutschen Mark für das Starterpaket, welches alle wichtigen Informationen zur Geschichte und der Philosophie des Unternehmens enthielt. Es mussten keine Kredite aufgenommen werden, auf denen man sein Leben lang hätte sitzen bleiben können. Und das bei etwa zwei Arbeitsstunden am Tag! Also ehrlich, überlegte Andrej, wo gibt's das noch einmal?

Ein paar Abendstunden reichten für diese Sache durchaus, schilderte Jurek. Allerdings sollte Andrej etwa einen Termin am Tag vereinbart haben, wenn er tatsächlich Millionär werden wollte. Noch am selben Tag klärte er Andrej auf, was man den Menschen am Telefon erzählen sollte. Wollte man unbedingt einen Termin bekommen, so hatte man gewisse Regeln der Überredungskunst zu beachten.

Zwei Tage später legte sich Andrej einen dunklen Anzug, ein weißes Hemd, eine gelbschwarz gestreifte Krawatte und zwei goldfarbene Manschettenknöpfe zu. Auf dem Heimweg schaute er in einem Friseursalon vorbei und entledigte sich seiner langen, graublonden Haare. Darum tat es ihm besonders leid, denn er trug sie gern lang, doch musste er jetzt wie ein Vermögensberater ausschauen und nicht wie ein Künstler. Als er dann zu Hause in die neue Tracht schlüpfte und sich vor den Spiegel stellte, entwich ihm ein langgezogenes: »Wow …«

Ein echter Fast-Millionär blickte ihm selbstbewusst und entschlossen entgegen. Seine spitze Nase, die fein geschnittenen Gesichtszüge, der ernstmelancholische Blick und die schmächtige Sportlerfigur passten perfekt zu der Garderobe. »Kleider machen Leute!«, fiel Andrej ein. Noch nie zuvor war ihm der Sinn dieses Sprichwortes so greifbar gewesen. Das Merkwürdige war, er fühlte sich, als sei er schon *etwas*, und das ohne den Beraterausweis und ohne ein Auto mit vielen PS. Er entsann sich Jureks Worte, die dieser an seine angehenden Vermögensberater gerichtet hatte.

»Ihr müsst schick aussehen und einen flotten Schlitten fahren, damit die Menschen von euch denken, ihr seid erfolgreich. Dann werden sie euch ihr Geld anvertrauen!«

Nun ja, »schick aussehen« wäre ja nicht das Problem, dachte Andrej. Wie sollte er aber den flotten Schlitten finanzieren? Aber zum Glück wollte ihn Jurek mit dem Auto zu den ersten Terminen begleiten.

Andrej machte sich alsbald an die Arbeit, wählte nach und nach all die Nummern, die in seinem kleinen Telefonbuch notiert waren, und erzählte jedem hochbegeistert von seiner neuen Arbeit. Die Freunde und Bekannten reagierten sehr unterschiedlich, dabei wurde Andrej eins schnell klar, die Sache mit dem Millionärwerden würde doch nicht so einfach vonstattengehen, wie es ihm Jurek ausgemalt hatte. Sobald Andrej nämlich das Wort »Versicherung« aussprach, registrierte er, dass Menschen in Panik gerieten; entweder mussten sie brandeilig ihre Kinder zu Bett bringen oder sie hatten plötzlich sonstige wichtige Dinge zu tun, die sich auf keinen Fall später erledigen ließen. Er schloss daraus, dass wahrscheinlich schon andere Vermögensberater diese Menschen besucht und ihnen alle lebenswichtigen Finanzprodukte vermittelt hatten.

Das Wort »Versicherung« wollte er, wenn möglich, nicht mehr in den Mund nehmen. Jurek durchblickte ebenfalls die Sache und verteilte alsbald an alle seine großen und kleinen Vermögensberater bunt bedruckte, noch nach Farbe riechende Fragebögen. Das neue Zauberwort hieß nun »Finanzanalyse«. Es klang solide, stellte Andrej fest. Wer sollte schon etwas gegen eine kostenlose (!) Finanzanalyse haben?

Die Finanzanalyse diene vor allem dazu, klärte Jurek auf, das Vertrauen des Kunden zu gewinnen. Zugleich aber würde man so die Möglichkeit haben, sich an die finanzielle Situation der Menschen heranzutasten. Äußerst vorsichtig solle man sie nach bereits vorhandenen Finanzprodukten befragen, ohne ihnen beim ersten Treffen ein Produkt verkaufen zu wollen. Nach diesem ersten Gespräch kämen die ausgefüllten Fragebögen zurück ins Büro, und Jurek würde sich der Aussagen der Kundschaft persönlich annehmen, sie analysieren und dann seine Empfehlung zum bestgeeigneten Produkt abgeben.

Auch das wirkte auf Andrej sehr überzeugend. Eins fragte er sich lediglich: Warum pries Jurek fortwährend ausschließlich Finanzprodukte einer bestimmten Gesellschaft an?

Eines Abends wählte Andrej die Nummer eines guten Bekannten, Alexander, der bereits verheiratet war und ein Kind hatte. Mit Sicherheit würde er das eine oder andere Finanzprodukt dringend benötigen, mutmaßte Andrej. Nach einiger Zeit meldete sich jemand mit einem einfachen »Hallo«. Andrej war drauf und dran, mit der Vorstellung der Firma loszulegen. Am befremdlichen Schnaufen erkannte er zum Glück, dass am anderen Ende der Leitung nicht sein guter Bekannter wartete und auch nicht seine Frau, sondern deren fünfjähriger Sohn Paul. Seine Stimme hatte Andrej schon einmal mit der verblüffend ähnlichen, piepsigen Stimme der Mutter verwechselt.

»Ist … dein Papa zu Hause?«, fragte Andrej ungeduldig und zugleich froh, die Zeit zu haben, um sich wieder zu sammeln.

»Jaaa …«, ließ Paul zögerlich verlauten.

»Kannst du ihn mir geben?«

»Nein …«

»Wieso? Was macht er gerade? Gib mir dann bitte deine Mama.«

»Nein …«

Eine Pause folgte, Andrej hörte im Hintergrund das Sandmännchen dröhnen.

»Papa und Mama sind im Bad und … und spielen *Wer sich schneller auszieht und wieder anzieht*«, erklärte Paul endlich die Lage.

»Ach so …«, sagte Andrej darauf. »Dann … dann klingle ich später noch mal an.«

Er war kurz davor aufzulegen, als er Alexanders Bassstimme vernahm.

»Gib den Hörer her«, befahl dieser seinem Sohn und brüllte darauf ins Telefon: »Ja! Wer ist da?«

Wahrscheinlich hatte er das Aus- und Anziehspiel verloren, mutmaßte Andrej.

»Hi, ich bin's, Andrej. Ich rufe aus folgendem Grund an …«

Er berichtete ausführlich von der Vermögensberatung und natürlich von der kostenlosen Finanzanalyse, die Alexander vorzugsweise in Anspruch nehmen könne.

»Finanzanalyse? Vermögensberatung? Wozu? Wir haben doch noch kein Vermögen!«

»Ja, die Beratung ist ja dazu da«, entgegnete Andrej, »um Menschen wie dir zu zeigen, wie sie ihr Geld vermehren.«

Gegen Geldvermehrung hatte Alexander nichts einzuwenden, und so standen Andrej und Jurek nur wenige Tage später vor seiner Wohnungstür in einem etwa Einhundertfamilienhaus. Alexander begrüßte seine persönlichen Vermögensberater in einem glänzenden, dunkelblauen Sportanzug, der Reißverschluss der Jacke war bis zum Hals zugezogen, die Haare ordentlich zur Seite gekämmt, und er war frisch rasiert. Sobald er die Tür öffnete, schwappte aus der Wohnung der süße Rasierwasserduft, gemischt mit dem Geruch angebrannten Mehls, den jungen Beraternasen entgegen. Eine dicke Dunstwolke schwebte in der Luft. Seine Frau habe aus Anlass des Besuchs Bliny gebacken, klärte Alexander auf.

Die kleine, jedoch mit Liebe eingerichtete Behausung befand sich im letzten Stock eines Hochhauses. Aus dem Fenster des Wohnzimmers bot sich ein einmaliger Ausblick auf die abendliche Großstadt mit ihren unzähligen Lichtern. Andrej kam es vor, als wäre er in einem der vielen Moskauer Mikrorayons, den Stadtteilen, in denen ein Hochhaus das andere stützt. Lieber wäre er jetzt in einer Gegend, die der New Yorker City glich. Er entsann sich der üblichen amerikanischen Filmkulissen. So oft hatte er davon geträumt, einmal selbst die beeindruckenden Wolkenkratzer zu erleben, sie zu erklimmen oder gar auf einer der Dachterrassen mit einer Flasche Champagner den Lebenserfolg zu feiern.

Stattdessen hatte er frisch zubereitete Bliny zu futtern, die zugegebenermaßen vorzüglich schmeckten. Er lobte die Köchin. Jurek hingegen probierte nur einen einzigen Blin; er habe schon gespeist, entschuldigte dieser sich bei der Gastgeberin.

»Wann soll das gewesen sein?«, wollte Andrej schon nachfragen – sie hatten die letzten drei Stunden zusammen im Büro verbracht, ohne dort auch nur in einen trockenen Keks gebissen zu haben –, er hielt jedoch den Mund.

Der kleine Paul, dem zwei Schneidezähne fehlten, verschlang bereits den vierten Blin; mit Sorgfalt drückte er einen Ketchuphaufen darauf, dann machte er einen Kreis aus Mayonnaise um das Ketchup herum, klappte das Ganze zusammen und fragte Jurek stolz: »Guck mal, kannst du das auch?«

Er schob den nassfetten Blin ganz und gar ohne Besteck in seine kleine Mundöffnung hinein, bewegte den Kiefer drei-, höchstens fünfmal und ließ das Gekaute in den Magen hinunterwandern. Dann und wann entschwand ihm ein Teil der rotweißen Soße aus einem der Mundwinkel heraus, tropfte

auf den grünen Pullover, mit einem frech lachenden Frosch vorne drauf, und auf die Hose hinunter.

Alexanders Frau Natascha schimpfe halbherzig: »Junge, benimm dich, du bist doch schon groß«, und legte dabei den nächsten Blin auf seinen Teller.

Jurek beobachtete die Szene scheinbar geduldig, schlürfte am heißen Tee und warf dann und wann einen Blick auf die über der Tür hängende, laut tickende Küchenuhr.

Nachdem der letzte Blin in Pauls Mundöffnung verschwunden war, wandte sich der »große« Junge mit noch vollem Mund an Jurek: »Was hast denn du da drin?« Dabei richtete er den fettbeschmierten Zeigefinger auf den schwarzen Aktenkoffer, der bereits aufgeschlossen auf einem Hocker lag. Bevor Jurek antwortete, huschte Paul im Nu zum Koffer hin und klappte ihn energisch auf.

»Lass das bitte!«, platzte es aus Jurek heraus. Er sprang auf.

»Oh…! Sind das Malbücher? Sie sind aber schön.«

Paul griff entschieden zu und holte ein Dutzend hochglänzende, bunt bemalte Finanzanalyse-Fragebögen hervor. Seine Mutter und Jurek stürzten sich gleichzeitig auf ihn und rissen ihm die Bögen aus der Hand. Der Junge schnappte nach Luft und heulte wie eine Sirene los.

»Ich … ich will auch so ein Malbuch«, schluchzte er nun.

»Du hast schon welche, in deinem Zimmer«, erinnerte ihn seine Mutter.

»Aber … aber nicht solche schönen!«

Paul zog sich für eine Weile beleidigt in sein Zimmer zurück, tauchte jedoch just in dem Moment wieder auf, als seine Mutter die letzten Krümel vom Tisch abwischte, Jurek hochwichtig seine Lesebrille aufzog, den mit Fettfingern betatschten Fragebogen aufklappte und mit der Vorstellungsrede einsetzte: »Wir sind eine unabhän-gige Vermögensberatung, die sich dadurch auszeichnet …«

»Hände hoch, sonst schieße ich!«

Paul stand mit einem rosaroten Maschinengewehr drohend in der Tür und hatte, wie es schien, in der Tat vor, alle Anwesenden zu erschießen.

»Geh in dein Zimmer!«, rief sein Vater.

»Aber … ich will ein Malbuch!«, erwiderte Paul, drehte sich um und verschwand laut schluchzend.

»Wir sind eine unabhän-gige Vermögensberatung, die sich dadurch auszeichnet …«, begann Jurek erneut.

Alexander und seine Frau machten todernste Gesichter und lauschten. Jedoch schon nach wenigen Sätzen stürzte der Junge wiederholt hinein und schoss aus seinem Maschinengewehr in die Runde. Das Geschoss funkelte und es ratterte beinahe wie ein echtes Gewehr: »Ra-ta-ta-ta … Ra-ta-ta-ta …«

»Ich will ein Malbuch!«, schrie er, dann rannte er plötzlich auf Jurek zu und trommelte mit den geballten Kinderfäusten auf seinen Rücken. Blitzschnell stob er davon. Jurek blickte ratlos hinterher, seine Hände zitterten. Andrej fragte sich in dem Augenblick, ob sein Chef noch imstande war, die Finanzen von Alexander richtig zu analysieren. Noch nie zuvor hatte er ihn in der Verfassung erlebt, niemals den erbosten Blick gesehen.

»Gib ihm doch endlich was zum Malen«, bat Alexander seine Frau.

»Hat er doch schon.«

Sie entfernte sich sichtlich genervt, kehrte aber nach wenigen Augenblicken zurück.

»Wie gesagt, wir sind eine unabhän-gige Vermögensberatung …«, setzte Jurek erneut an. Schon bald breitete er den

Fragebogen aus, warf einen Blick hinein und statt dann die Fragen vorzulesen, klappte er diesen voreilig zusammen.

»Haben Sie schon eine Lebensversicherung?«, fragte er plötzlich die beiden.

Andrej fuhr zusammen vor Schreck, die Frage kam entschieden zu früh. Jurek hatte doch selbst mehrfach darauf hingewiesen, es sei wichtig, die Sache ganz in Ruhe anzugehen.

Alexander schaute seine Frau fragend an: »Haben wir eine?«

»Natürlich! Weißt du es nicht mehr?«, schmetterte sie ihm entgegen. »Du hast sie letztes Jahr abgeschlossen, ohne dich mit mir zu beraten.«

»Aber das war doch keine Lebensversicherung ... Das hatte doch etwas mit dem Auto zu tun.«

»Doch, das war eine!« Eine Weile starrten sie sich wortlos an.

»Kann ich sie sehen?«, erkundigte sich nun Jurek. »Ich will nur schauen, ob sie gut ist.«

»Teuer ist sie!«, gab Natascha zur Antwort. Sie holte aus dem Nebenzimmer einen grauen Ordner, auf dessen Rücken das Wort »Finanzen« gekrakelt war, blätterte darin und legte die Kopie des Versicherungsvertrags auf den Tisch.

Jurek griff zum Taschenrechner und machte sich Notizen auf ein leeres Blatt Papier mit einem blauen Logo seiner Firma. Er kritzelte das Blatt nach und nach mit unleserlichen Zahlen voll, murmelte dabei etwas vor sich hin und haute hin und wieder selbstsicher auf die Tasten seines neuen Taschenrechners. Nachdem er die letzte Zahl niedergeschrieben hatte, schleuderte er den Kugelschreiber auf den Tisch, lehnte sich zurück und verkündete: »Sie ist nicht gut!«

»Nicht gut?«, fragten Alexander und Natascha so zeitgleich, als hätten sie auf ein Zeichen eines Dirigenten reagiert.

»Nicht gut und teuer!«

In diesem Augenblick erschien Pauls kurzgeschorener Kopf in der Türöffnung, verschwand jedoch sofort wieder. Plötzlich flog ein unbekannter Gegenstand aus seiner Richtung auf den Tisch zu, der Junge schrie lauthals hinterher: »Alle Mann auf den Boden, es ist eine Bombe!«

Die vermeintliche Bombe knallte erst mit aller Wucht gegen ein Tischbein, dann gegen den alten Heizkörper, der gequält aufheulte, und verschanzte sich schließlich hinter dem brummenden Kühlschrank, um wahrscheinlich später zu explodieren.

Pauls Eltern schienen den Angriff nicht bemerkt zu haben. Stattdessen redete seine Mutter auf den Vater aufgebracht ein: »Ich hab dir damals gesagt, einhundert Mark monatlich ist viel zu viel …«

Alexander glotzte unter den Tisch und schaukelte sein rechtes Bein hoch und runter. Dann und wann schielte er auf Jureks Taschenrechner und das Notizheft.

»Aber das ist doch alles nicht so schlimm«, mischte sich Jurek bald ein, »wir finden bestimmt eine Lösung.«

»Wie?«, forderte ihn Natascha heraus. »Wollen Sie mir etwa sagen, dass Sie den Vertrag rückgängig machen können? Arbeiten Sie für diese Gesellschaft auch?«

»N… nein, wir haben nichts mit den Leuten zu tun«, antwortete Jurek, »aber wir, genauer gesagt, Sie könnten den Vertrag trotzdem vorzeitig kündigen. Nur … Sie bekommen das eingezahlte Geld nicht komplett zurück.«

»Wieso sollen wir das dann tun?«

»Wenn Sie bei mir einen neuen, etwas rentableren Vertrag abschließen, würde sich die Sache garantiert lohnen.«

Er präsentierte Natascha seine Ergebnisse, die er zuvor aufgezeichnet hatte: »Schauen Sie einmal drauf«, sagte er, »die gleiche Versicherung mit derselben Versicherungssumme kann ich Ihnen für nur achtzig Mark im Monat anbieten.«

Alexanders Frau betrachtete eine Weile die Notizen, griff dann zur Schublade, holte einen alten sowjetischen Taschenrechner hervor, als würde sie den deutschen Taschenrechnern nicht trauen, und rechnete Zeile für Zeile Jureks Berechnungen nach. Nachdem auch sie bestätigt hatte, dass der Versicherungswechsel sich nach ein paar Jahren auszahlen würde, zögerte Jurek keine Sekunde, um ihr ein Kündigungsschreiben zu diktieren.

Pauls Kopf zeigte sich erneut in der Türöffnung. Sein zorniger Blick nahm Jureks breiten Rücken ins Visier. Einige Augenblicke später, just als Jurek mit dem Diktieren des Anschreibens fertig war, stürmte der Junge plötzlich in den Raum, in seinen Händen glitzerte ein silberfarbener, länglicher Gegenstand, den er auf Jurek richtete. Noch bevor Jurek den feindlichen Angriff bemerkte, landete der Gegenstand mit aller Wucht auf seiner Stirn – gerade als er den Blick zur Tür wandte.

»Aua«, winselte Jurek und packte sich an den Kopf, »so eine Sch…«

Eine Turnstange rollte mit Krach auf den Boden und streifte Andrejs linken Fußknöchel, Andrej schnellte vor Schmerz in die Höhe. Paul düste aus der Küche, hinter ihm seine Mutter.

»So ein Biest …«, stöhnte Jurek. Er hielt sich den Kopf, durch die Finger seiner rechten Hand tröpfelte bald Blut.

Alexander entfernte sich und kam eilig mit einem Pflaster in der Hand zurück. Er versorgte Jureks Platzwunde und entschuldigte sich für das Benehmen seines ungezogenen Sohnes. »Der Arzt meint, der Junge ist … äh … wie heißt das Natascha, ›hinteraktiv‹?«, wandte er sich an seine Frau, die gerade mit einem Schlüssel in der Hand zur Tür hereinkam. Es sah ganz und gar danach aus, als hätte sie das »Biest« in einen Käfig eingesperrt.

»Hyperaktiv!«, antwortete sie, ohne ihn anzublicken. Sie inspizierte dabei das Pflaster auf Jureks Kopf.

»Das Pflaster reicht nicht«, stellte sie fest, »das Blut wird bald wieder durchkommen.«

Fachmännisch griff sie zu einer Küchenschere, kramte aus einer Schublade eine Binde hervor und legte Jurek auf die Schnelle einen richtigen Verband an. Er schaute schließlich aus, als käme er unmittelbar aus der berühmten Stalingrader Schlacht.

Über die Versicherung verlor Jurek kein Wort mehr, stattdessen bat er die beiden zu sich ins Büro, am kommenden Samstag. »Aber bitte ohne Ihren Sohn!«, vergaß er nicht anzufügen. Dann eilte er zusammen mit Andrej aus der Wohnung hinaus – er stöhnend, Andrej hinkend. Als sie die Haustreppe hinuntertrampelten, fluchte Jurek, wie er nur konnte. Andrej wunderte sich darüber, dass er beinahe jedes Wort verstand, obschon er der polnischen Sprache absolut nicht mächtig war. Später erfuhr er, dass das russische und das polnische Schimpfvokabular im Klang fast deckungsgleich waren. Wahrscheinlich war es von ein und demselben Mann erfunden worden, folgerte er.

Er musste Jurek dann und wann stützen. Und da Jurek nicht in der Lage war, ein Auto zu steuern, durfte Andrej ihn mit seinem blitzschnellen Audi nach Hause chauffieren. Nie zuvor hatte er ein Auto mit so vielen PS gefahren, es fuhr wie von selbst.

Nur noch ein einziges Mal ist er mit Jurek zu einem weiteren Geschäftstermin mitgekommen. Selbstverständlich in der

Hoffnung, noch einmal sein Auto steuern zu dürfen. Es wurde jedoch nichts daraus: Sie standen nach einer Stunde Fahrt vor verschlossener Tür, der Kunde, ein entfernter Verwandter von Andrej, hatte den Termin verdusselt. Andrej ärgerte sich einerseits sehr darüber, auf der anderen Seite war er auch froh; dieser Verwandte hatte nämlich insgesamt fünf Kinder, und die hatten so einiges drauf.

Ein paar Wochen später quittierte Andrej den Job, weil er nicht mehr an das schnelle Geldvermehren glaubte. Außerdem schien ihm das Geschäft viel zu heikel und gar lebensgefährlich zu sein. Er mochte sich gar nicht ausmalen, wie es wäre, würde er alleine zu Geschäftsterminen dieser Art gehen müssen. Bevor Andrej jedoch aus der Vermögensberatung ausschied, hatte Jurek es noch geschafft, seine Altersvorsorge gut abzusichern. Die Finanzanalyse hatte nämlich ergeben, dass Andrej unverzüglich eine Lebensversicherung mit einer Laufzeit über vierzig Jahre benötigte. Zuvor hatte Jurek ihm zugesichert, dass Andrej für den eigenen Vertrag eine Provision kassieren könne. Andrej überlegte nur kurz: Wo würde er sonst seine Altersvorsorge besser absichern können? Als das Honorar jedoch ausblieb, offenbarte Jurek am Telefon, dass seine Firma Provisionen für diese Art von Verträgen erst nach Ablauf eines Jahres auszahlen würde.

»Das hättest du mir vorher sagen können«, brüllte Andrej in den Hörer.

»Ich … ich hab' vergessen, die Vertragsbedin-gun-gen zu lesen«, erwiderte Jurek, »es tut mir leid …«

ANDERE LÄNDER, ANDERE SITTEN

Murats Finanzberaterkarriere gestaltete sich ebenfalls nicht einfach. Da er aber in verschiedene Geschäfte involviert war, stimmte ihn dieser Umstand nicht sehr traurig. Irgendwann, sagte er, würde er schon auf die Sonnenseite des Lebens geraten, man müsse schließlich für seinen Platz an der Sonne unermüdlich kämpfen.

Er pflegte zahlreiche Kontakte, darunter zu deutschen Geschäftsleuten, auch wenn er diese Art von Geschäftsbeziehungen am schwierigsten fand – vor allem wegen all der Missverständnisse, die Tag für Tag auf ihn lauerten. Eines Abends war er zum Beispiel bei Jürgen zu Besuch. Der betätigte sich ebenfalls in der Finanzbranche und kannte Jurek sehr gut. Eine Zeitlang hatte er sogar mit ihm zusammengearbeitet, jedoch bald aus unbekannten Gründen die Gesellschaft gewechselt.

Als Murat bei Jürgen ankam, fragte dieser ihn, ob er Hunger habe, tat es aber bloß ein einziges Mal. Und da Murat die Frage aus gewohnter Höflichkeit verneinte, schmierte sein Geschäftspartner lediglich für sich drei Butterbrote und verschlang sie unverzüglich. Murat schaute ihm mit knurrendem Magen zu.

»Das nicht wahr sein«, beschwerte er sich einen Tag später bei Andrej, »diese Deutschen …«

Andrej hatte indessen viel Zeit damit zugebracht, das Wesen der germanischen Spezies zu studieren. In Ruhe erwiderte er: »Selbst schuld!«

»Wieso?«

»Hast du ihm erzählt, dass man im Land, wo du herkommst, den Gast mindestens dreimal fragt, ob er essen möchte, bevor man selber isst?«

»Nein.«

»Sag ich ja: selbst schuld.«

Murat glotzte ihn verdutzt an.

»Du musst frecher sein«, klärte Andrej ihn auf.

»Frecher?«

»Ich meine, etwas direkter.«

Er holte aus seinem Nachtschrank ein Büchlein hervor, und Murat las erstaunt den Titel: »Geschäfts-ge-pflo-gen-heiten in Deutschland!«

»Wo du das herhaben?«, fragte er sogleich.

»Vom Flohmarkt.«

»Du mir ausleihen?«

»Ja, aber später.«

Solche Dinge lernten sie nicht in der Schule. Dort ging es ja vor allem darum, dass sie das Wort »Hannover« richtig aussprachen …

Aber Andrej kam es ebenfalls dann und wann vor, als wären sie auf einem anderen Planeten gelandet. Erst nach und nach begriff er, dass er in die Äußerungen der Bewohner dieses Planeten nichts hineininterpretieren sollte. Wenn jemand also sagte: »Zum Kaffee!«, so ging man hierzulande lediglich vom »Kaffee« aus. Niemand erwartete sahnige Torten auf einem silbernen Tablett dazu, niemand machte sich falsche Hoffnungen, dass außer Kaffee und Tee womöglich viele andere Getränke und Speisen angeboten würden.

Der Verstand des Sowjetbürgers weigerte sich ferner zu fassen, warum die Hannoveraner einerseits an dafür vorgesehenen Tagen noch gut erhaltene Gegenstände an den Straßenrand hinausbeförderten, in der Hoffnung, diese würde jemand abholen (ohne dafür nur einen Pfennig zu bezahlen), andererseits aber einige dieser Menschen an Badetagen in ein und demselben Wasser mit ihrer ganzen Großfamilie badeten. Andrej war es einmal sogar zu Ohren gekommen, dass der eine oder andere schlaue Bursche für diesen Zweck das Regenwasser anzapfte.

In dem Land, aus dem Andrej und Murat gekommen waren, gab es Wasser in Unmengen und absolut kostenlos. Und vor Möbelstücken hatte man dort Respekt. Die Menschen nutzten sie in der Regel ein Leben lang, bis sie eines Tages von alleine auseinanderfielen. Und wurde man dort zum Kaffee eingeladen, so wurde daraus meist ein üppiges Fest. Gastgeber, die sonst so taten, als litten sie Hunger, zauberten aus ihren verstaubten Kellern Dinge hervor, die man nirgends auf der Welt zum Kaffee verspeisen würde – lauter »exotische« Sachen, die man für den Fall eines Besuches aufgespart hatte. Natürlich ging man dort äußerst gern zum Kaffee, zumal es immerzu etwas zu feiern gab. Und weil die Menschen des Öfteren feierten, waren sie verständlicherweise stets guter Laune. Deshalb gab es in diesem Land nicht so viele Ärzte, die sich Psychotherapeuten nannten. Erlernte jemand diesen Beruf, so nahmen die Menschen an, er würde früher oder später in einer Krankenanstalt landen (in den meisten Fällen als Therapeut versteht sich …).

Hierzulande hingegen trafen Murat und Andrej an fast jeder Ecke auf ein Schild, welches darüber informierte, dass sich in dem betreffenden Haus eine psychotherapeutische Praxis befand. Sogar in ihrer direkten Nachbarschaft hatte neuerdings eine derartige Praxis geöffnet. Murat konnte aus dem Fenster seiner Wohnung die Kundschaft hinein- und hinausgehen sehen. Dann und wann witzelte er über diese Menschen und regte sich auf: »Warum diese Leute nur immer einen Seelenklempner brauchen? Meine Güte …«

Natürlich hatte es in der kasachischen Sowjetrepublik ebenfalls Menschen gegeben, die sich einer ähnlichen Behandlung unterzogen hatten. Einzig Andrej und Murat hatten keinen gekannt. Das Volk hatte außerdem gemunkelt, diese Menschen hätten einen beachtlichen Knacks im Kopf, daher sollte man sich lieber von ihnen fernhalten. Aus dieser Erfahrung heraus schlussfolgerte Murat unvorsichtig, in Deutschland gäbe es überdurchschnittlich viele Menschen, die, wie er sagte, nicht »alle Tassen im Schrank« hatten, und er machte sich große Sorgen darüber, dass all die Kranken frei herumliefen. Äußerst rätselhaft sei dieses Land …

Eines Tages bekam Murat von demselben Jürgen, über den er sich bei Andrej wegen der Butterbrote beschwert hatte, eine Geburtstagseinladung. Andrej kannte Jürgen nur vom Hörensagen, durfte jedoch als Murats bester Freund auch mit zur Party. Allerdings sollten sie unbedingt etwas zum Knabbern mitbringen, hätte Jürgen gebeten.

»Bitte?« Andrej wunderte sich ein bisschen und war besorgt, sein Freund hätte das Geburtstagskind womöglich falsch verstanden, schließlich beherrschte er Deutsch noch nicht so gut. Aber nein, Murat bestand darauf, er habe richtig gehört.

»Etwas zum Knabbern‹, hat er gesagt!«, beteuerte er noch einmal.

Also, dachte Andrej, wahrscheinlich war das eine der üblichen deutschen Partybräuche, die er noch nicht kannte. Nur: Was knabbert man wohl hierzulande auf den Partys? Das war keine einfache Frage.

Etwa eine Stunde vor Feierbeginn machten sich die beiden auf den Weg zum Supermarkt und besorgten auf die Schnelle einige Gläser Salzgurken, ein gutes Stück geräucherten Schinken, eingelegte Tomaten und – auf Drängen von Murat – eine Flasche Cognac. Als Geschenk für Jürgen fanden sie ein Geschichtslexikon aus dem Büchersonderangebot als geeignet: Ganze zehn Bände für nur zehn Mark!

Als sie kurz nach acht an der Wohnungstür von Jürgen klingelten, stellten sie fest, dass dort bereits eine Menge Gäste eingetroffen waren. Sogar im etwa ein-Meter-fünfzig-breiten Flur tummelten sich Leute, die offenbar im Wohnzimmer keinen Platz mehr gefunden hatten. Murat erkundigte sich bei einer etwas korpulenten Blondine, die ihnen die Tür geöffnet hatte, nach Jürgen, und sie ging ihn sogleich holen. Das Geburtstagskind erschien in der Türöffnung des Wohnzimmers mit einer Bierflasche in der Hand und rief hoch erfreut: »Hey … kommt herein!«

»Glückwunsch!«, sagte Murat, dann überreichte er ihm das in blumig-grünes Papier eingepackte Geschenk und drückte ihm ganz feste die Hand.

»Was ist denn das?«, fragte Jürgen überrascht. »Das ist mit Sicherheit das schwerste und größte Geschenk, das ich bis jetzt gekriegt habe.«

»Dann du lieber schnell gucken«, forderte ihn Murat auf.

Jürgen legte das Paket vorsichtig auf eine Treppenstufe und

zauberte alsbald eine Schere hervor. Sobald er die zehn Bände des Lexikons in all ihrer glänzenden Schönheit erblickte, stieß er unwillkürlich ein »Wow« heraus.

»Na? Was du sagen, Jurr-gèn?«, fragte Murat ungeduldig. »Das ist doch super Sache, oder?« (auch das deutsche »Ü« bereitete Murat noch Schwierigkeiten, aus unerklärlichem Grund sprach er zudem den Namen seines Geschäftspartners mit falscher Betonung aus).

Jurr-gèn zögerte, drehte einen Band um und las den Titel vor: »Lexikon zur Geschichte deutscher Nation«. Er blätterte flüchtig drin, ohne zu lesen, griff zum zweiten Band, dann nahm er den dritten, durchblätterte ihn wieder, als würde er nach Bildern suchen, und warf diesen schließlich lässig auf den Stapel.

»Das ist nett von euch«, verkündete er, »ich lese zwar lieber Comics und die Börsenzeitung, aber vielleicht sollte ich mich auch mal mit Geschichte befassen. Das wollte ich schon immer mal …«

Er grinste verlegen, seine Begeisterung war verflogen. Sie kam jedoch sogleich wieder zurück, sobald Murat all die guten Knabbersachen aus dem Rucksack holte.

»Oooh …«, tönte Jürgen aufgelöst. »Also, Jungs, heute werden wir bestimmt nicht verhungern.«

»Und nicht verdursten!« Murat präsentierte ihm stolz die Flasche Cognac.

»Das ist super«, sagte Jürgen, »ich habe nämlich nur Bier eingekauft.«

»Nur Bier?«

»Ja, wieso?«

»Bier ist nix für richtige Männer, ich kriegen Kater davon.« Jürgen lachte auf, griff nach der Bierflasche, die er zwischenzeitlich auf einem Schuhschrank abgestellt hatte, und schob deren Hals in den Mund.

Rockmusik dröhnte aus den leistungsstarken Boxen. Die Gäste standen eng aneinandergerückt, in kleine Grüppchen verteilt, und versuchten beim Reden vergeblich, die schrille Stimme von Freddy Mercury zu übertönen. Der Zigarettenrauch hatte indessen jeden Quadratzentimeter der nur dürftig beleuchteten Wohnung erobert.

Bier und Cola gebe es im Kühlschrank, das Knabberzeug sei ebenso in der Küche, sagte Jürgen und tauchte in der dichten Rauchwolke ab.

Das »Knabberzeug« stapelte sich auf einem runden, helllackierten Holztisch. Einige Chips-Tüten waren bereits aufgerissen, der Inhalt lag auf der Tischplatte verstreut. Mitten in diesem Chaos qualmte es aus zwei randvollen Aschenbechern. Auf der Fensterbank und auf dem Boden, neben dem alten schmierigen Heizkörper, standen dicht aneinandergereiht unzählige leere Flaschen. Wollte einer ein Bier aus dem Kühlschrank, so musste er sich erst einen Weg durch den Leergutberg bahnen, außer er sprang da drüber.

Andrej nahm einen Schluck Alster zu sich und fühlte, wie sich die bittersüße, kühle Flüssigkeit allmählich in seinem Körper verteilte. Murat zog Cognac vor. Zu seinem Bedauern wollte niemand von den Anwesenden das »echte« Männergetränk probieren. Es schien, als wäre er der einzige richtige Mann in der Runde.

Anders stand es dagegen mit dem geräucherten Schinken, den Murat zum Verzehr mit Cognac vorgesehen hatte; in nur zehn Minuten fehlte davon jede Spur, bloß ein Rest fette, glänzende Schweinehaut weilte noch auf dem Teller, quer darauf ein Zigarettenrest, darunter die Asche. So blieb dem richtigen

Mann nichts anderes übrig, als das noble Getränk mit Kartof-fel-Chips und sauren Gurken einzunehmen. Er meckerte an-fangs über das fehlende warme Menü, im Verlauf des Abends störte er sich jedoch immer weniger dran. Zudem zeigte er sich alsbald merklich verwandelt, prahlte mit Frauenaben-teuern, machte Witze und hielt so die Runde bei Laune.

Irgendwann platzte Jürgen stürmisch in die Küche hinein, hinter ihm eine männliche Gestalt mit der Gesichtsfarbe einer Leiche, unruhig glotzte sie mit rotverschleierten Augen und gab keinen Ton von sich. Jürgen schob schwungvoll die Knab-bersachen beiseite, setzte sich und drehte auf dem Tisch eine Zigarette. Nachdem er sie angezündet und dreimal tief daran gezogen hatte, reichte er sie großzügig in der Runde herum. Murat war Nichtraucher. Als er an der Reihe war, griff er dennoch zu, machte einige satte Züge, und pustete schließlich lässig den Rauch ins Gesicht seines Freundes. Andrej wusste sofort, woher er den warmsüßlichen Duft kannte. In seiner Heimat spielten viele mit derart selbstgemachten Zigarettchen aus Langeweile. Einige Experten hatten behauptet, die Natur habe in der dortigen Gegend die bestgeeignetsten Pflanzen der Welt für diese Art von Zigaretten hervorgebracht.

»Das hier, Jungs, kommt übrigens aus der kasachischen Steppe«, verkündete Jürgen nun, als habe er Andrejs Gedan-ken gelesen. Er griente überglücklich seinen kreidebleichen Nachbarn an, der ihm kaum hörbar entgegenhauchte: »O jaaa ... kasachische Steppe ist geil ... Kumpel ...«

Es sah ganz danach aus, als habe diese halbtote Gestalt mit den langgewachsenen, fettigen Haaren und dem Fünftagebart dem Geburtstagskind das beste Geschenk gemacht. Nicht einmal das zehnbändige Geschichtslexikon würde es mit die-sem Geschenk aufnehmen können, mutmaßte Andrej. Dabei wusste der Kerl aller Wahrscheinlichkeit nach nicht, wo Kasachstan auf dem Globus zu lokalisieren war, von der kasachischen Steppe ganz zu schweigen.

Sobald Murat von der kasachischen Steppe hörte, riss er den Zigarettenrest aus Jürgens Hand und nuckelte intensiv daran. »Ich wollen tanzen, Jurr-gèn«, verkündete er dann plötzlich. »Wo sind die Mädels?«, und begann sogleich, dem Takt nach das Gesäß hin und her zu schwingen, wie ein hungerleidender Hund den Schwanz, wenn er ein Leckerli in der Nähe erahnt.

»Tanzen …?«, wunderte sich Jürgen. »Das kannst du dir abschminken, ich habe keine Tanzmusik hier.«

Murat tippelte aber bereits – weiterhin den Po schwingend – durch die Tür in Richtung Wohnzimmer, wo er offenbar seine Beute zu erspähen hoffte. Als auch Andrej ins Wohnzimmer kam, sah er seinen angeheiterten Freund wild die Stühle beiseiteschieben. Er durchwühlte die CD-Sammlung und legte schließlich eine Platte mit schwerrockiger Musik auf. Den Gästen sagte er an, es gebe nun eine Disko, und drehte den Lautstärkeregler bis zum Anschlag auf. Im nächsten Augenblick hopste er mutterseelenallein in der Mitte des Raums umher, gleich einem aufgebrachten Fohlen, das gerade von einem Schäferhund gebissen worden war. Mit den Armen herumfuchtelnd tänzelte er bald auf die pummelige Blondine mit einem auffallend kurzgeschnittenem Jeans-Röckchen zu (er hatte bereits die Gelegenheit, sie beim Ankommen kurz zu sprechen), packte sie am Arm und brüllte in den Raum: »Kommt tanzen, Leute!«

Die Blondine zögerte, glotzte durch ihre fingerdicken Brillengläser und grinste. Sie unternahm einen zaghaften Versuch, ihren Arm zu befreien, doch als Murat sie entschlossen an sich heranzerrte, gab sie sogleich nach.

Die Tanzfläche füllte sich überraschend zügig. Auch Jürgen hoppelte nun, von Begeisterung ergriffen, auf dem alten Parkett und schwang dabei seine rosa Krawatte über den Köpfen der Gäste. »Buff, buff, buff ...«, donnerte es im fünfstöckigen Haus, die Fenster drohten mit jedem Takt aus der Fassung zu springen.

»Ganz wie früher«, dachte Andrej. Es war, als hätte sich eine anständige, halbwegs ruhige Chips-und-Bier-Party in eine wilde russische Geburtstagsparty verwandelt. Schuld an der Sache hatte zweifelsohne sein Freund. Eins fehlte noch, und da kam Murat schnell dahinter: Auf jeder russisch-sowjetischen Party, die etwas auf sich hielt, wurde nicht lange drumherum geschwafelt. Ging es zum Tanzen über, dann erklang auch bald eine kuschelig-schmusige Liebesballade, damit sich die männlichen und weiblichen Gäste einander zum Tanz auffordern und sich so durch teils erzwungenen, direkten Körperkontakt beschnuppern konnten (eine Sache, deren Wirkung auf den deutschen Hauspartys immer noch sehr unterschätzt wird ...)

Erneut durchstöberte Murat die Platten-Sammlung und schmiss schließlich wieder den guten alten Freddie Mercury in den CD-Player. Es schien, als hätte Jürgen keine langsamen Songs in der Sammlung, außer denen von Freddie.

»The show must go on, the show must go on ...«, hallte es aus den Boxen. Murat zerrte im nächsten Augenblick an der Blondine, die auf der Tanzfläche unentschlossen herumtippelte und offenbar auf das nächste Lied wartete. Er schmuste sich unanständig eng an sie heran, als würde er sie seit den Zeiten der Kinderkrippe kennen, und schwang nun mit ihr gemeinsam die Hüften hin und her. Nach wenigen Takten glitt seine rechte Hand immer tiefer hinunter und blieb letztlich auf … – tja, was war das eigentlich: noch ihre Taille oder schon die Pobacke? – kleben. Die Blondine wehrte sich nicht, was Andrej sehr überraschte. Wusste er doch, die beiden waren erst am selben Abend aufeinander getroffen. So schnell gewöhnten sich also die deutschen Frauen an die russischen Sitten. Das wollte sich Andrej unbedingt merken …

Obschon sich die Mehrheit der Gäste mit den sowjetisch-russischen Partybräuchen nicht auskannte, fanden sich einige weitere Tanzpärchen zusammen, dem mutigen Beispiel von Murat folgend. Allein in Sachen Po-Schwingen konnte aber keins von ihnen Murat mit der Blondine übertreffen.

Beim darauffolgenden, flotteren Lied legte Murat plötzlich ungeniert sein durchschwitztes Hemd ab, welches er seit einer Weile fast bis zum Nabel aufgeknöpft hatte, und schwang es ebenfalls in der Luft. Sobald das Lied verklang, näherte er sich entschlossen dem – mit Geschenken vollgepackten – Wohnzimmertisch, räumte eine Ecke frei, stapelte drei Bände des Geschichtslexikons aufeinander, nahm einen leichten Anlauf und sprang kopfüber drauf. Mit den Beinen nah an der Raumdecke strampelnd, grölte er lauthals: »Uhuhu… Ich werd' bald Millionääää…rrr!« Seine Gesichtsmuskeln zitterten, die dicht mit dunklen, feinlockigen Härchen bewachsene Brust bebte, die Augäpfel schienen jeden Moment aus ihren Höhlen zu schlüpfen, aus dem Mund schäumte es.

Irgendwann, im Getümmel der Feier, verlor Andrej ihn aus den Augen. Er sei mit der Blondine Silke spazieren gegangen, ließ ihn eine Freundin von Silke wissen.

Es wurde spät, es blieben nur noch wenige Gäste, Murat wollte immer noch nicht von seinem überraschend langen Spaziergang zurückkehren. Andrej ärgerte sich. Was sollte er tun? Vor Müdigkeit wäre er einmal beinahe vom Stuhl gekippt, daher beschloss er, ohne seinen abenteuerlustigen Freund nach Hause zu gehen. Es war höchste Zeit zu schlafen.

Am nächsten Tag, just, als Andrejs Radiowecker Punkt sieben angesprungen war und der Nachrichtensprecher mit müder Stimme die ersten drei Meldungen vorgelesen hatte, klingelte es an der Tür. Andrej quälte sich aus dem Bett, taumelte barfuß durch den Flur und drehte den Schlüssel zweimal um. Murat stand in einer Unterhose vor ihm, lässig angelehnt an die Wand, hatte sonst nur noch ein gelbweißes, zerknittertes T-Shirt an, war nicht rasiert, nicht gekämmt, nicht gewaschen.

»Was willst du?«, fragte Andrej.

»L… Lust auf Sex?« Sein Freund zwinkerte nicht mit dem Auge und verzog nicht ein bisschen den Mund, was er sonst bei solcher Art Witzen nicht lassen konnte.

Andrej rieb kräftig die Augen, um sicher zu gehen, dass er nicht träumte. Doch Murats frühe Erscheinung schwand nicht, die penetrante Stimme des Radiosprechers wurde zunehmend fester.

»Was sagtest du eben?«, hakte er einmal nach.

»Sex! Ob du Lust auf Sex hast, sagte ich. Die Silke, weißt du noch? Die mit der Brille, sie ist noch da. Sie meinte, du hast ihr gut gefallen, und sie hätte nichts dagegen …«

»Ach so …«, stammelte Andrej, »Silke … ich verstehe.«

Er konnte es nicht fassen. Nie zuvor hatte ihm eine Frau so unmittelbar ihre Gefühle offenbart, noch nie auf diesem Weg eine Liebeserklärung gemacht (War das überhaupt eine?), und das um sieben Uhr morgens! War das hierzulande ein üblicher Brauch? Und durften Männer auch so direkt ihre Wünsche äußern? Für einen Augenblick schien es ihm, als wäre sein

Freund in der Sache mehr bewandert als er, jedoch hatte er keine Lust, ihn zu dieser frühen Stunde dazu zu befragen.

»Nein, danke!«, sagte er schließlich, »ich muss leider gleich zur Schule, sonst komm ich zu spät. Aber richte ihr bitte aus, ich weiß ihr Angebot sehr zu schätzen.«

Die Tür fiel laut ins Schloss.

Am gleichen Nachmittag berichtete Murat von seinen nächtlichen Abenteuern mit Silke: Sie wären mit ihrem Auto von der sonst so freundlichen hannoverschen Polizei angehalten worden, weil er splitternackt, lediglich mit einer Krawatte um den Hals, hinterm Steuer gesessen hatte. Beide mussten zum Präsidium, obschon Murat beteuert hatte, er habe an dem Abend bloß ein kleines Bier zu sich genommen. Da man in seinem Blut 2,4 Promille Alkohol festgestellt hatte (Woher nur so viel? Das konnte er sich nicht erklären), sei er nun seinen Führerschein los. Als Geschäftsmann täte ihm das sehr weh, seine Karriere sei ernsthaft gefährdet. In einigen Monaten, sagte man zu ihm auf dem Präsidium, könne er sich zu einem Idiotentest anmelden, danach würde man sehen, ob er den Lappen wiederbekäme.

»Zu einem was?«, wunderte sich Andrej und lachte unwillkürlich auf.

»Einem ›Idiotentest‹, sie haben gesagt.«

»Aber du bist doch nicht krank!«

»Ja, ich haben auch gefragt … Sie haben erklären, dort wollen sie prüfen, ob ich ohne Wodka Auto fahren kann.«

»Das ist echt blöd«, bemitleidete ihn Andrej aufrichtig.

VON GANOVEN
UND TOMATEN

Andrejs Hoffnung, in einem Jahr so gut Deutsch zu sprechen wie die richtigen Wessis, schwand mit jedem Tag. Dennoch gab er sein Ziel nicht auf und überlegte sich eine neue Strategie. Er nahm sich vor, sich auf die lebenswichtigen Sätze zu konzentrieren und sie so lange zu üben, bis er sie wie die alteingesessenen Hannoveraner beherrschte.

Die Sprachschullehrer waren übrigens die nettesten Menschen, die Andrej bis dahin in diesem Land getroffen hatte. Sie standen ihren Zöglingen immerzu mit Rat und Tat zur Seite und feierten stets kräftig mit, wenn jemand von den Schülern Geburtstag hatte. Lediglich einer, nämlich Herr Schlüpfmann, kam Andrej seltsam vor. Er erschien jeden Tag unausgeschlafen zur Arbeit, gab sich mürrisch und pöbelte dann und wann diejenigen Schüler an, die sich auf Russisch unterhielten.

»Sie sind hier in Deutschland«, sagte er streng, »und in Deutschland wird Deutsch gesprochen!«

Alle Welt hatte Respekt vor Herrn Schlüpfmann. Nicht nur wegen seiner ruppigen Art, sondern vor allem, weil er mit seiner antiken Pfeife und dem hochgezwirbelten Schnurrbart als direkter Nachkomme des Reichskanzlers Bismarck hätte durchgehen können. Seine Stimme war kräftig, Sprechart und Gang militärisch. Alles, was er sagte, klang wie ein Befehl. Kein Mensch kam auf die Idee, sich Herrn Schlüpfmann zu widersetzen. Nur hin und wieder machte er sich die Mühe, gutherzig zu wirken, und ließ sich sogar zum Scherzen hinreißen. Einmal kam es im Unterricht vor.

»Aus welcher Stadt kommen Sie?«, fragte er Murat eines Tages geduldig zum wiederholten Mal.

»Ganower!«, antwortete Murat und lächelte ihn unschuldig an.

»Nicht Ganower, das heißt ›Hhh… Hannover‹. Sie müssen den Laut mehr aushauchen, junger Mann. Versuchen Sie es noch einmal.«

»G… G… Ga-no-wer.« Murats Zunge blieb hartnäckig.

»Und wie nennt man die Menschen, die in Hannover leben?«, ließ der Lehrer nicht locker.

»G… G… Ganoven!«, gab Murat zur Antwort, woraufhin alles in Lachen ausbrach.

Als Murat sich eines Morgens bei ihm darüber beklagte, er habe noch in keinem Lebensmittelladen so gute Tomaten gesehen, wie es sie in seinem Heimatland gab, lud Herr Schlüpfmann ihn auf der Stelle zu sich nach Hause ein – zum Kaffee, und um ihm seine selbstgezüchteten Tomaten zu präsentieren, sein Freund Andrej sollte ruhig mitkommen. Einen Tag später teilte der Lehrer allerdings Andrej im Vorbeigehen mit, dass er auch Hilfe beim Umgraben des Gartens benötige – es sei nicht viel, bloß ein paar Quadratmeter. Da Andrej in seiner Jugend des Öfteren im Garten seiner Eltern zu buddeln gepflegt hatte, sagte er: »Kein Problem, Herr Schlüpfmann.

Hauptsache, ich darf dann auch eine Ihrer Tomaten probieren.«

»Aber natürlich«, antwortete Herr Schlüpfmann und strahlte ihn an, »also bis Samstagnachmittag!«

»Ja, bis Samstag.«

Als Murat von der Gartenarbeit erfuhr, gab er sich nicht begeistert. Andrej musste ihn erst erinnern, dass Herr Schlüpfmann ein wahrer Fan von selbstgezüchteten Tomaten war.

»Du wolltest doch Tomaten aus Kasachstan importieren«, fügte er noch hinzu, »du musst doch wissen, wie die selbstgezüchteten Tomaten hier schmecken.«

»Stimmt«, entgegnete Murat.

Am frühen Nachmittag, so gegen eins, trafen sie bei ihrem Lehrer ein, in der Hoffnung, noch ein paar Reste vom hausgemachten Mittagessen zu ergattern (als Studenten vermissten sie die warmen, meist kräftig nach Knoblauch riechenden Mahlzeiten ihrer Mütter). Stattdessen führte Herr Schlüpfmann sie aber direkt zum Gerätehäuschen, ohne nachzufragen, ob sie vorab eine Kleinigkeit speisen wollten. Nachdem er ihnen die neuen Spaten präsentiert und die »paar Quadratmeter« Garten gezeigt hatte, machte er sich aus dem Staub.

»Ich muss zum Getränkemarkt, zum Baumarkt und dann noch zum Bäcker«, ließ er sie wissen. »Wenn ich wiederkomme, koche ich Ihnen einen frischen Kaffee.«

Die Gäste blickten ihm ratlos hinterher, dann krempelten sie die Ärmel hoch und stürzten sich in die Arbeit. Andrej buddelte links, Murat grub rechts. Sie kamen recht schnell voran, die wasserdurchtränkte Erde gab jedem Spatenstich nach. Allein, sie stellten bald fest, dass sie nicht exakt wussten, wie weit sie das Erdstück umgraben durften.

Andrej sagte: »Bis zu den Büschen.«

Murat erwiderte: »Nein, das Gebüsch muss auch weg, ich haben genau gehört!«

Bereits nach einer Stunde Arbeit gruben sie sich an das nichtssagende Kleingebüsch ran, welches nach kasachischen Maßstäben eindeutig nach sehr bösartigem Unkraut aussah. Auf Murats Drängen beschlossen sie schließlich, das unbekannte Grünzeug auszurotten. Als Agronom kenne sich sein Freund sicher besser aus, dachte Andrej. Also vertraute er ihm, und ruckzuck war es getan.

Danach machten sie es sich selbstzufrieden auf der Terrasse gemütlich – jeder mit einer echtdeutschen Tomate in der Hand. Murat hatte sie vorab unter dem Vordach des Gartenhäuschens lokalisiert. Die Pflanzen wurden liebevoll vom Herrn des Hauses umsorgt: Der Boden war mit Dünger bedeckt, die Triebe mit farbigen Bändchen festgebunden, damit sie die vielen aromatischen Früchte auch tragen konnten. Einzig eine Sache gab den beiden Freunden Rätsel auf: Warum befanden sich die Tomatenpflanzen unter dem Dach? Wenn es regnete, bekamen sie doch keinen einzigen Tropfen ab!

Murat tastete besorgt den Boden im Holzkasten ab, in den die Tomaten eingepflanzt waren. »Guck, der ist ja ganz trocken, wie sollen hier auch gute Tomaten wachsen?«

Dennoch schienen ihm die Tomaten von Herrn Schlüpfmann wesentlich besser zu schmecken, als all die, die er bis dahin in diesem Land probiert hatte. Sobald er eine Frucht verschlungen hatte, machte er sich schon auf den Weg zum Tomatengebüsch, dabei vergaß er nicht, auch an seinen Freund zu denken. Am Terrassenrand entdeckte er bald einen gelben, halbvoll mit Wasser befüllten Plastikeimer. Ohne zu zögern leerte er diesen auf die Tomatenpflanzen.

»Bei so einem sonnigen Tag sie doch sonst verkommen«, kommentierte er seine gute Tat.

Ein wenig später tauchte endlich Herr Schlüpfmann mit Einkaufstüten auf.

»Ach! Das ist nicht wahr. Sind Sie schon fertig?«, zeigte er sich überrascht, als er seine Gäste – jeder mit einer Tomate in der Hand – auf der Terrasse sitzend ausmachte. Er ließ den Blick über das aufgelockerte Beet schweifen und fasste sich plötzlich ans Herz: »Ach!«

Eine Einkaufstasche plumpste dumpf auf die Betonplatten.

»Was … was haben Sie da getan?«

»Was Sie meinen?«, fragte Murat.

»Meine Blumen!« Er schüttelte unaufhörlich seinen grauhaarigen Kopf. »Um Gottes willen, so weit hätten Sie doch nicht graben sollen!«

Murat schaute verdutzt auf das frisch umgebuddelte Beet. Es stand nun also fest, das merkwürdige Grünzeug war kein Unkraut.

»Ich habe dir gesagt, Murat, nur bis zum Gebüsch!«, meldete sich Andrej. Er sprach laut und deutlich, um sicher zu gehen, dass der Lehrer seine Worte vernehmen konnte.

Doch schien ihn Herr Schlüpfmann nicht mehr zu hören. Auf allen Vieren krabbelte er durch das aufgelockerte Blumenbeet und sammelte die noch heile gebliebenen Blumenzwiebeln ein. Es kam nur eine Handvoll zusammen, er legte sie behutsam auf den Tisch.

»Entschuldigung, Herr Schlüpfmann«, sagte Murat mit todernster Miene, wie Andrej sie niemals gesehen hatte, »das wir nicht wollten.«

»Ja, ja. Das weiß ich schon.«

»Aber Ihre Tomata,« fuhr Murat fort, »sie sind extra gut, ich haben in Deutschland noch keine so guten Tomata probieren.«

»Wirklich?« Herr Schlüpfmann gab sich sichtlich geschmeichelt. »Und haben Sie die drei großen gesehen, die unten rechts?«

»Ja, das haben wir.« Murat zeigte wieder glücklich seine glänzendweißen Pferdezähne.

Der Lehrer war im Nu bei den Pflanzen und versuchte, die drei Lieblingsfrüchte »unten rechts« auszumachen. »Mensch, wo sind sie denn? Ich habe sie doch erst heute Morgen gesehen.«

»Ja …«, Murat zögerte, »vielleicht … wir sie probieren.« Er schaute besorgt zu seinem Freund hinüber.

»Was? Sie haben die schon aufgefuttert?«

Murat nickte.

»Die wollte ich doch für meinen Enkelsohn aufbewahren! Er kommt mich morgen besuchen.« Er suchte weiterhin untröstlich die Tomatentriebe ab, die ausschließlich mit dunkelgrünen Früchten besät waren.

»Wir leider nicht wissen, dass Sie Sohn haben«, rechtfertigte sich Murat.

»Enkelsohn habe ich gesagt!«

»Genau, Enkelsohn …«

Nach einer Weile bemühte er sich aufs Neue, seinen Lehrer milde zu stimmen.

»Ich haben Ihre Tomata gegossen«, sagte er, »morgen wieder viele rot.«

»Bitte? Sie sollten doch nicht …« Just in diesem Augenblick nahm Herr Schlüpfmann den gelben Eimer wahr, den er vor einigen Stunden auf der Terrasse stehen gelassen hatte, und der nun kopfüber neben dem Tomatenkasten lag. Sein Gesicht wurde auf der Stelle kreideweiß.

»Sie ... Sie haben doch nicht aus diesem Eimer ...?« Er stockte und deutete wortlos auf die Pflanzen hin.

»D... doch! Warum?«

Der Lehrer fasste sich erneut an die Brust.

»Ich... ich werd verrückt!«, brüllte er. »Das war doch eine Essigmischung, damit wollte ich das Unkraut auf der Terrasse bekämpfen!«

Er griff zum Eimer, schaute hilflos hinein und warf ihn verärgert zur Seite. Dann eilte er ins Haus.

»G... G... Ganoven!«, schmetterte er bloß im Vorbeigehen und knallte hinter sich die Terrassentür zu, so dass die Fensterscheiben erzitterten.

Vergeblich warteten die jungen Männer auf ihn, in der Hoffnung, wenigstens einen ungesüßten Kaffee serviert zu bekommen. Da sie schließlich dachten, der Lehrer brauche nun Ruhe, schüttelten sie nach etwa einer Viertelstunde den Gartendreck von ihren Schuhen ab und schlichen sich durch das Gartentor hinaus.

DR. DUDINGER
KOMMT INS SPIEL

ines Tages begriff Andrej, dass die Sache mit dem Deutschwerden nicht so leicht vonstattengehen würde, wie er sich das einmal ausgemalt hatte. Er war des Öfteren der Verzweiflung nahe und suchte erneut nach festen Kriterien, die das Deutschsein ausmachten, denn beinahe alles, was er seit eh und je über die Deutschen zu wissen glaubte, stimmte mit der Realität nicht überein. Aber immer noch hielt er die meisten Menschen in diesem Land für ordnungsliebend, fleißig, freundlich und zuverlässig, zumal viele von ihnen, die er zu diesem Thema befragte, sich auch so sahen. Er traf jedoch inzwischen auch auf solche, die ihren Fleiß verstärkt dazu einsetzten, die anderen Mitbürger (insbesondere jene, die nur dürftig die deutsche Sprache beherrschten) auszunehmen. Das brachte ihn vollends aus dem Konzept, denn hatte ihm seine Mutter nicht früher erzählt, die Deutschen seien höchst aufrichtig?

Bisweilen gab er seinem Freund die Schuld dafür, dass es mit dem Deutschwerden nicht so schnell gelingen wollte. Überall dort nämlich, wo er in seiner Begleitung auftauchte, geriet alles außer Plan. Murats Verhalten vermochte das Gegenteil zu bewirken: All die Deutschen, die mit ihm in Kontakt traten, verwandelten sich in Russen oder in Kasachen. Sie dachten sicherlich nie daran, auch die russische Sprache zu erlernen (wozu denn auch?), in ihrer Verhaltensweise aber ahmten sie des Öfteren unbewusst Murat nach. Eines Tages kam Andrej sogar der Gedanke, sich von seinem Freund für eine Weile zu trennen. Würde er nicht seinem Einfluss ausgesetzt sein, erginge es ihm vielleicht besser, dachte er. So einfach war diese Idee aber nicht umzusetzen. Nachdem Murat nämlich den Führerschein losgeworden war, machte er alleine kaum einen Schritt aus dem Haus, zumal Andrej endlich das nötige Geld für ein älteres Auto zusammenhatte. Er war ungemein stolz auf den klapprigen, salatgrünen Passat, den er sich vom mühsam Ersparten zugelegt hatte. Immerhin war es sein erstes Auto. Etwas traurig stimmte ihn allerdings der Umstand, dass er mit dem Gefährt nicht flott genug fahren konnte. Sobald er nämlich eine Geschwindigkeit von 120 km/h erreichte und sie länger als drei Minuten beibehielt, begann der Kühler bedrohlich aus allen Ecken zu qualmen. Die Freude bekam noch einen weiteren Dämpfer: Murat sowie sonstige Nachbarn baten ihn unentwegt darum, sie irgendwohin zu kutschieren, dabei verschwendeten sie keinen Gedanken daran, dass der Wagen Benzin brauchte. Aber Schwamm darüber, sagte sich Andrej, Freundschaften sind schließlich wichtiger. Und *etwas* werden könne er ja noch später.

Einige Zeit verging, und Murat meldete sich zum besagten Idiotentest an. Andrej begleitete ihn dorthin, Murat hatte nämlich den Organisatoren des Testes erzählt, dass sein Deutsch auf keinen Fall ausreiche, um eine so heikle Prüfung zu bestehen. Ein Dolmetscher musste also her. Und da

Andrej inzwischen die schweren deutschen Laute (wie zum Beispiel im Wort »Hannover«) wesentlich besser aussprach als sein Freund und sogar einmal zufällig bei einem ordentlichen deutschen Gericht gedolmetscht hatte, willigten die Veranstalter in die Sache schließlich ein.

Den technischen Teil des Tests schaffte Murat ohne jede Anstrengung, beim psychologisch-theoretischen Teil blieb er hängen. Der kleinkarierte, bissige Idioten-Gutachter wollte ihm nicht abnehmen, dass er keinen einzigen Tropfen Alkohol mehr in seinem Leben zu sich nehmen würde.

»Warum Sie mir nicht glauben?«, empörte sich Murat. »Ich kann schwören!«

Aber nein, das half nicht.

Als Murat seine aussichtslose Lage durchblickte und begriff, der Mann würde um keinen Millimeter von seiner Meinung abzubringen sein, sagte er verzweifelt: »Wie viel Sie wollen? Fünfhundert Mark? Reichen das?«

Nun, es mag durchaus sein, dass in Kasachstan zu jener Zeit diese Frage eine gute Wirkung gehabt hätte, den deutschen Idioten-Gutachter trieb sie jedoch regelrecht auf die Palme. Er tobte vor Wut und beschimpfte offen das Land, aus dem Murat und Andrej stammten. Außer Wodka und Schmiergeld hätte man dort wohl nichts mehr im Kopf, sagte er unbedacht. Schließlich teilte er Murat mit, er dürfe erst in einem Jahr wiederkommen, aber auch nur dann, wenn er eine zwanzigstündige Therapie bei einem seiner Kollegen absolviert habe. Er kenne sogar jemanden, der seine Praxis in der gleichen Straße betreibe, in der Murat wohne. Es sei ganz in der Nähe.

Murat verschlug es die Sprache, er stand offenbar unter Schock. Auch am darauffolgenden Tag war er noch nicht ansprechbar. Aber Andrej konnte ihn gut verstehen, wusste er doch, welche Meinung sein Freund von den Menschen hatte, die regelmäßig zum »Seelenklempner« gingen. Wer wollte schon zu denen gehören, die nicht alle Tassen im Schrank hatten?

Murats Verfassung wurde von Tag zu Tag miserabler, und irgendwann sah er ein, dass kein Weg an einem Therapeuten vorbeiführte. Indessen schöpfte er sogar Hoffnung, sein angekratztes Selbstvertrauen auf diesem Wege schnell zurückzugewinnen. Aber unter anderem, vertraute er seinem Freund an, wolle er von einem Fachmann wissen, ob ihm möglicherweise tatsächlich eine der Tassen im Schrank fehle …

Bei der Auswahl achtete Murat allerdings penibel darauf, dass der Therapeut auf dem Türschild keine Angaben bezüglich eines psychiatrischen Behandlungsschwerpunktes machte. Derartigen Psychotherapeuten traute er nicht, zu viel Ungutes hätte er früher gehört. Es durfte auch keiner sein, der die berühmte »Freudsche Couch« in seinem Behandlungszimmer stehen hatte und seine Patienten zu hypnotisieren versuchte. Davor schauderte es ihm am meisten. Man wisse nie, was so einer aus einem herauslocke, sagte Murat, er könne ihn sogar manipulieren!

Er stellte sich jemanden vor, der wie ein alter Kumpel einfach zuhörte und Verständnis zeigte, wenn Murat ihm erzählte, dass er in jener verhängnisvollen Nacht, als er voll wie eine Haubitze Hannovers Straßen unsicher gemacht hatte, in Silkes Auto gestiegen war, um eigentlich nicht damit loszufahren. Musik wollten sie lediglich hören, es wäre nur plötzlich etwas über ihn gekommen. Dieses Etwas sollte der gute Kumpel-Therapeut ihm begreiflich machen und zu beherrschen lehren, damit er in Zukunft vorsichtiger sei.

Er suchte drei Therapeuten auf, einer von ihnen war der empfohlene Dr. Dudinger aus der Nachbarschaft. Es fügten sich einige Dinge zusammen, so dass die Wahl letztlich auf Dr. Dudinger fiel. Er sei nett, sagte Murat, und er könne die Praxis ruckzuck ohne Auto erreichen. Das sei ein schlagendes Argument, bestätige Andrej sogleich.

Der Umstand, dass die Praxis sich in der direkten Nachbarschaft befand, störte Murat auf einmal nur wenig, obschon er sich im Klaren darüber war, dass man von ihrem Haus aus die Patienten hinein- und hinausgehen sehen konnte. Da er aber ohnehin in ein paar Monaten die Umgebung verlasse, sei ihm die Sache ziemlich gleich.

Etwa eine Woche vor der ersten Behandlung bei Dr. Dudinger verschlimmerte sich sein Zustand: Er verließ gar nicht mehr ohne Begleitung die Wohnung, glotzte unentwegt in die Röhre und knipste dabei die Fernbedienung rauf und runter. Erst an dem Abend, als er endlich die erste Sitzung hinter sich hatte, ging es mit ihm rapide bergauf. Andrej erkannte ihn nicht wieder. Er strahlte überglücklich jeden an, sogar diejenigen Nachbarn, mit denen er seit Wochen kaum ein Wort gewechselt hatte. Als hätte ein guter Zauberer den Schleier des Trübsinns mit einem Hauch weggepustet.

»Alles in Ordnung?«, fragte ihn Andrej, als sein Freund in der Wohnungstür erschien.

»Sicher … alles super!«

Er hielt kühn den Daumen hoch und verriet ferner, der nette Dr. Dudinger habe noch während der Sitzung einen Kollegen angerufen, welcher im selben Haus, eine Etage tiefer, die Praxis betrieb, und für Murat einen Sondertermin vereinbart. So durfte er gleich zu diesem Kollegen hin. Dieser habe ihm eine Wunderspritze verpasst, die auf der Stelle anschlug, er müsse insgesamt zehnmal dorthin, einmal die Woche.

»Aber dieser Kollege ist … ist doch bestimmt ein Psychiater!«, rief Andrej verblüfft. »Sonst dürfte er dir so eine Spritze nicht geben.«

Murat zuckte zusammen: »Echt …?«

Seine Heiterkeit war für einen Augenblick hin.

»Das haben ich nicht gemerkt«, sagte er und grinste wieder zufrieden. Wenn alle Psychiater in Deutschland so gutherzig seien, dann hätte er sich früher in seinem Urteil darüber womöglich geirrt, fügte er dann hinzu.

»Übrigens«, fuhr Murat fort, »ich kann Dr. Dudinger manchmal sehr schlecht verstehen. Kannst du nicht ein paarmal mit mir kommen?«

Andrej zögerte. Die Vorstellung, regelmäßig zu einem Psychotherapeuten zu gehen, der seine Praxis gerade um die Ecke hatte, war ihm absolut nicht geheuer. Er war zwar kein Patient, aber wie sollte er den Mitbewohnern des Hauses (allesamt ehemalige Sowjetbürger) glaubhaft machen, dass er bloß seinen Freund dorthin begleitete? Würde man ihm abnehmen, dass nicht er, sondern Murat einen »Knacks in der Birne« hatte?

Letztlich kam Andrej nicht um die Sache herum. Wusste er doch, der Erfolg der Behandlung hing davon ab. Es verstand sich von selbst, er wollte seinen Freund nicht im Stich lassen. Er sagte zwar zu ihm, er bräuchte etwas Bedenkzeit, willigte aber schon am nächsten Morgen ein. Ein bisschen reizte es ihn auch, eine echte psychologische Praxis von innen anzugucken. Insgeheim erhoffte er sich, die eine oder andere Frage, die ihm seit eh und je auf der Seele brannte, beiläufig bei dem Therapeuten seines Freundes anzubringen.

Dr. Dudinger hatte nichts gegen Andrejs Anwesenheit, einzig bat er ihn, eine Schweigepflichterklärung zu unterzeichnen. Er erwies sich in der Tat als ein überaus gutmütiger Kerl: Man stelle sich einen Philosophie-Professor vor: einen Mann mittleren Alters, mit einer stämmigen Statur, nicht groß, nicht klein, stets zuvorkommend und väterlich bemüht, mit halblangen Haaren, die oberhalb der leicht rötlich glänzenden Ohren ansetzten und sich zu allen Himmelsrichtungen in feinen, goldenen Locken ausbreiteten, in der Mitte des Kopfes eine beachtliche Glatze, die von tiefer Weisheit zeugte, und eine Brille mit fingerdicken Gläsern, die diese Weisheit einmal mehr unterstrichen. Das war Herr Dr. Dudinger.

Trotz der unzähligen Bücher, die sich im Sprechzimmer auf nicht wenigen Regalen stapelten (und die er alle offensichtlich gelesen hatte), bewahrte er stets im Umgang mit seinen Mitmenschen die urmenschliche Natürlichkeit. Sobald sich sein Mund öffnete, hatte man auf der Stelle zweihundertprozentiges Vertrauen zu ihm, und wollte alles, Geheimes und Nichtgeheimes, mit ihm teilen.

Es stellte sich heraus, dass er in der Tat neben seiner Praxis eine halbe Dozentenstelle an einer Universität innehatte, jedoch nicht im Fach Philosophie, sondern verständlicherweise in Psychologie. Lediglich als Nebenfach habe er in jungen Jahren unter anderem Philosophie studiert, nach dem Studium aber stets ein ausgeprägtes Interesse dafür bewahrt. Andrej witterte eine Chance. Murat hingegen zeigte sich der Sache gegenüber desinteressiert. Philosophie könne er nicht ausstehen, kommentiere er trocken, er habe bereits in der Schulzeit stets Konflikte mit Philosophielehrern gehabt.

Neben dem Interesse an den philosophischen Fragen besaß der Therapeut zudem ein Faible für klassische Musik, was wiederum Andrej sehr zugute kam. Schon in den ersten Sitzungen pflegte Dr. Dudinger leidenschaftlich von seinen Konzert- und Theaterbesuchen zu berichten, bombardierte Andrej andauernd mit Fragen, die Klassik- und manchmal auch Jazz betrafen. So traute sich auch Andrej eines Tages, die ihn seit längerem quälende Frage an den Doktor heranzutragen.

»Herr Doktor«, sagte er, »was halten Sie eigentlich von dem Spruch: *Hast du was, bist du was, hast du nichts, bist du nichts?*«

Dr. Dudinger stockte, starrte einen Moment lang tiefsinnig über den oberen Rand seiner Brille hinweg Richtung Andrej, ließ dann den Blick zum Wecker gleiten, den er zu Beginn jeder Sitzung zu stellen pflegte, und setzte zögerlich ein: »Das ist ein weites Feld, junger Mann.«

»Das weiß ich«, erwiderte Andrej, »darum frage ich.«

»Also«, fuhr der Therapeut fort, »diese Floskel raubte schon den alten Griechen den Seelenfrieden. Aber wie ich dazu stehe, darüber bin ich mir gerade selbst nicht im Klaren. Das ist ja, denke ich, auch zweitrangig. Wichtiger scheint mir, wie Sie als junge Menschen die Sache verstehen, denn davon hängt schließlich ab, welchen Weg Sie im Leben einschlagen.«

»Verstehen ...?«, unterbrach ihn plötzlich Murat. »Was man da groß verstehen?« Er hatte schon eine ganze Weile ungeduldig auf dem Stuhl hin und her geruckelt, seine Krawatte ein- und ausgerollt, nun wurde er auf einmal ganz Ohr.

»Das ist doch klar: Ich viel Geld haben, dann ich viel Respekt von Menschen bekommen, dann bin ich *etwas*!«

Er fügte ferner ein paar anschauliche Beispiele aus seinem Leben an: Ihm sei aufgefallen, dass Menschen auf ihn gänzlich anders reagierten, wenn er einen Anzug und eine Krawatte trug, gut rasiert und mit einem teuren Eau-de-Cologne einparfümiert war, als wenn er lässig, ungepflegt und in Sportklamotten durch die Stadt schlenderte. Tat er zudem so, als würde das Geld bei ihm keine Rolle spielen – indem er großzügig Trinkgelder verteilte und dabei sein gesamtes Vermögen im Portemonnaie mitschleppte –, so war seine Umgebung überaus nett zu ihm, besonders die Frauen.

Während er so redete, schaute Dr. Dudinger dann und wann zum Wecker hinüber und schmunzelte.

»Ich recht haben oder nicht, Herr Doktor?«, fragte Murat und glotzte ihn erwartungsvoll an.

Dieser zögerte einen Augenblick, dann riss er schwungvoll das bereits bekritzelte Papierblatt aus seinem Notizblock, legte es auf den runden Tisch neben die Wasserkanne und notierte mittig auf dem neuen Blatt:

Hast du ETWAS, bist du ETWAS!

Das Wort ETWAS unterstrich er jeweils zweifach. Dann überreichte er das Blatt Murat.

»Hier! Eins für Sie«, sagte er und malte sogleich denselben Spruch noch einmal in sein Heft, »und eins für Sie!« Er drückte den zweiten Bogen nun Andrej in die Hand.

»Warum?« Murat zeigte sich verdutzt.

»Hausaufgabe!«, erklärte Dr. Dudinger. »Nehmen Sie sich einmal Zeit und sinnieren Sie über das Wort ETWAS nach.«

»Was machen?«, fragte Murat.

»Sinnieren, das heißt nachdenken«, bemühte sich der Therapeut. »Überlegen Sie, ob dieses Wort mit einer anderen Bedeutung befüllt sein könnte, also noch etwas anderes bedeuten könnte als Geld. Sie verstehen?«

»Ja, vielleicht …« Dann fiel ihm ein: »Aber wir nächste Woche nach Berlin fahren, wir keine Zeit dafür haben.«

»Was machen Sie da?«

»Einfach so … besichtigen.«

In der Tat, ihre Schule organisierte in der Zeit eine Fahrt nach Berlin. Die Schüler sollten Deutschland besser kennenlernen.

»Aber nachdenken könnten Sie über diese Frage trotzdem einmal«, bestand Dr. Dudinger. »Sie haben doch eine lange Fahrt, oder?«

Murat starrte ihn eine Weile an und fand keine Antwort.

»Also …« Dr. Dudinger stand auf und streckte die rechte Hand nach Murats Hand aus.

»Und passen Sie auf«, fügte er hinzu, »immer schön trocken bleiben, denken Sie daran!«

»Uhu«, erwiderte Murat und presste die Hand des Therapeuten so feste zusammen, dass dieser plötzlich sein Gesicht zu einer kränklich gequälten Miene verzog.

»Aua!«, rief Dr. Dudinger überrascht. »Sie sind ja einer von den ganz Starken!«

Der Wecker klingelte.

EINE NASE FÜR
HERRN SCHLÜPFMANN

Die anstehende Berlinfahrt beglückte Andrej sehr, denn wo sonst konnte er besser den Ursprüngen des deutschen Volkes und der Bedeutung des Deutschseins nachgehen? Außerdem verstand es sich von selbst, wollte man aufrichtig ein Deutscher werden, so musste man doch einmal in der ruhmreichen Preußen-Metropole gewesen sein. Oder?

Sein Freund Murat schwärmte hingegen von der Berliner Mauer. Irgendwo habe er gehört, sagte er, die Mauerreste würden mit Jahren arg an Wert zulegen. Deshalb besorgte er sich für die Fahrt einen robusten Rucksack, um die Mauersteine zu transportieren.

Der Bus rollte gemächlich auf der hoffnungslos überfüllten A2 und ließ sich von den hektisch vorbeidüsenden Autos nicht bedrängen. Links und rechts erstreckten sich weite Felder, dann und wann tauchten wie aus dem Nichts dicht bewachsene Wälder auf. Der Morgendunst hielt die Gipfel der tiefgrünen Tannen noch fest im Griff, als wollte er sie vor den herbstlich kalten Tropfen des nieselnden Regens beschützen.

Es herrschte Stille im Bus. Lediglich in der hintersten Reihe hörte man zwei Mädchen miteinander tuscheln. Je mehr jedoch der Tag aufwachte und auf die Mittagszeit zusteuerte, je näher der Bus dem Reiseziel kam, desto mehr machte sich Unruhe unter den Reisenden breit. Keinem von ihnen war es jemals vergönnt gewesen, die deutsche Hauptstadt zu sehen. Man hatte vieles über Berlin gehört und gelesen, kannte so manche Sehenswürdigkeit aus dem Fernsehen. Immer dann, wenn Andrej an Berlin dachte, fiel ihm als Erstes der Reichstag ein; er sah, wie dort die rote Siegesfahne von russischen Soldaten angebracht wurde. Unzählige Male hatte er sich diese Sequenz im Sowjetfernsehen angeschaut. Vom Alexanderplatz hatte er nur eine vage Vorstellung. Hingegen waren ihm die Bilder vom spiegelglänzenden Regierungsgebäude der DDR und das schmale Hechtgesicht des besten Breschnew-Freundes, des Genossen Honecker, sehr wohl vertraut. Er konnte sich eines aberwitzigen Plakates entsinnen, das er vor etlichen Jahren an einer vielbefahrenen Straße in Kasachstan betrachtet hatte: die beiden Freunde, Breschnew und Honecker, fest umschlungen lagen sie sich in den Armen und knutschten einander wie frisch Verliebte. Dazu gab es einen Kommentar oben rechts in dem Bild: »Der Kommunismus siegt!«, stand dort in Großbuchstaben geschrieben. Andrej schmunzelte. Humor hatte so manch sowjetischer Propagandafachmann wirklich gehabt.

Im Bus stellte sich derweil optimistische Stimmung ein, bei den Mädels machte sich sogar Übermut breit. Lilly, ein forsches Mädchen, stimmte ein Lied aus einem bekannten sowjetischen Zeichentrickfilm an:

> *»Langsam entschwinden Minuten in die weite Ferne,*
> *auf ein Wiedersehen mit ihnen*
> *brauchst du nicht mehr zu hoffen …«*

Beim dritten Satz grölte der ganze Bus mit, lediglich der Fahrer und die Reisebegleiter, Herr Schlüpfmann und Herr Hoffmann, hielten sich zurück, weil sie kein Russisch konnten. Herr Schlüpfmann schielte immerzu kritisch nach hinten, sein Schnurbart zuckte dann und wann unruhig auf – mal zur linken Seite, mal zur rechten. Es sah danach aus, als würde er jeden Augenblick aufbrausen und laut verkünden: »In Deutschland wird nur Deutsch gesungen!« Aber genauso gut hätte dieser Satz vom Busfahrer durch die Sprechanlage kommen können, denn auch er schickte verstärkt mithilfe des Rückspiegels überaus mürrisch-kritische Blicke nach hinten. Aber zum Glück geschah nichts dergleichen. Im Gegenteil, beim dritten Lied setzte Herr Schlüpfmann eine zufriedene Miene auf, zeigte sich sehr entspannt und unterhielt sich angeregt mit dem sonst so wortkargen Kollegen. Andrej fiel erneut die Sowjetfahne ein. Er stellte sich vor, wie es wohl wäre, wenn er eine rote Flagge an den Außenspiegel des Busses hängen würde. Ob die beiden – und vor allem der Busfahrer – etwas dagegen hätten?

Berlin, besonders die Stadtmitte, lag beinahe in Schutt und Asche: an jeder Ecke eine Absperrung, keine Durchfahrt, kein Durchgang, als würde die Stadt von Minen befreit. Es wimmelte von Bauarbeitern, die wie Ameisen durch die Schuttberge und Gruben krochen. Einige von ihnen hatten sich auf den zahlreichen Kränen scheinbar für längere Zeit eingenistet, in alle Himmelsrichtungen beförderten sie das Baumaterial im endlich wiedervereinten Himmel. Eine magische Aura umhüllte die wahrlich aus Ruinen wiederauferstehende Stadt, und es roch nach alten und zugleich nach neueren Zeiten, hier und da auch nach Bratwürstchen und Pommes. Anfangs schien es, als ernährten sich die Berliner ausschließlich von Würstchen, Pommes und Weißmehlbrötchen. Bald jedoch entdeckte die Reisetruppe jede Menge Döner- und Pizzabuden, in denen das Essen noch zu sozialistischen Preisen angeboten wurde. Aber leider war es ihnen nicht vergönnt, diese Spezialitätenvielfalt in Ruhe durchzukosten. Herr Schlüpfmann legte nämlich ein straffes Tagesprogramm vor; jeden Morgen ein Vortrag, der in der Regel bis kurz vor Mittag andauerte und nicht ausschließlich Berliner Sehenswürdigkeiten zum Inhalt hatte. In der Nachmittagszeit ging es dann zu einer Gedenkstätte, wo während des letzten Krieges unsagbare Gräueltaten geschehen waren, oder zu einem der zahlreichen Museen.

Nach dem ersten Besuch eines so historischen Ortes suchte Andrej eine echte Krise heim. Gehörte all das ebenfalls zur deutschen Geschichte? Auch zum Deutschsein? Und wollte er eigentlich noch Deutscher werden? Selbstverständlich hatte er bereits vom Zweiten Weltkrieg gehört, wusste auch, dass die Deutschen ihn angezettelt hatten, jedoch die Orte der Grauens hautnah zu erleben, sich vorzustellen, was sich dort in jener dunklen, gottverlassenen Zeit abgespielt hatte, war ein Erlebnis, das sein hochempfindliches Wesen bis ins letzte Partikel durcheinanderwirbelte. Das stellte alles Gute, was er in der Spezies Mensch vermutet hatte, mit einer unglaublichen Wucht in den Schatten. Er fragte sich, ob er ebenfalls zu solch unmenschlichen Taten fähig gewesen wäre, hätte er damals gelebt. Die Antwort darauf vermochte er nicht zu geben.

Eines wusste er aber bald sicher, diese Sache hatte gar nichts mit dem Deutschsein zu tun, sondern mit dem Menschsein an sich. Und der Frage, was das Menschsein bedeutete, hatte er keine Lust nachzugehen. Zu komplex erschien ihm das

Thema, zu undurchsichtig. Es hatte sich schließlich schon manch großer Geist die Zähne daran ausgebissen. Vielleicht später, sagte er sich, irgendwann …

Auf dem Besichtigungsplan von Herrn Schlüpfmann befand sich unter anderem das berühmte Pergamon-Museum. Auf dem Weg dorthin überredete Murat den Lehrer zu einem kurzen Zwischenstopp an einem Souvenirladen. Er müsse unbedingt etwas für seine Verwandtschaft besorgen, sagte er, außerdem könne man dort in der Nähe die Reste der Berliner Mauer besichtigen. Schließlich war es vermutlich die Mauer, die Herrn Schlüpfmann zur Zustimmung bewegte. So stürzte sich alsbald die ganze Mannschaft in den Souvenirladen.

Auch Andrej gönnte sich zwei Erinnerungsgegenstände: eine Deutschlandfahne und einen niedlichen Kuschelbären mit einer Krone auf dem Kopf und einem schwarz-rot-goldenem Schriftzug auf dem Bauch »BERLIN 1990«. Murat hingegen füllte seinen Rucksack bis zum Rand mit bunt bemalten Mauersteinen.

»Was willst du damit?«, wollte Andrej von ihm wissen.

Murat grinste ihn hämisch an. Das sei zurzeit die sicherste Geldanlage, klärte er Andrej auf, in zehn Jahren seien die Steine mindestens eine Million wert. Sollte es ihm nicht gelingen, auf anderem Wege Millionär zu werden, würden diese Mauerreste garantiert dafür sorgen.

Andrej kehrte in den Laden zurück mit dem Ziel, auch eine Geldanlage zu tätigen. Die Mauer war jedoch schon ausverkauft, und Murat ließ sich um keinen Preis zur Abgabe von einigen Steinen aus seiner wertvollen Sammlung überreden.

Im Pergamon erfuhren sie viele spannende Dinge, vor allem über die alten Griechen. Hochentwickelt seien sie gewesen; sie hatten zwar noch keine Handys oder sensorgesteuerte Türen, doch verfügten einige ihrer Städte über ein technisch ausgefeiltes Kanalisationssystem, über Bildungseinrichtungen, über wohlige Bäder, Lusthäuser und sogar über eine Art Parlament, in dem man über Belange des Volkes und wahrscheinlich auch über die Mehrwertsteuer gestritten hatte. Schon damals lebten viele von ihnen in prachtvollen Palästen und Villen, sie gingen gern ins Theater, schauten sich ausgeklügelte, kostümierte Bühnenstücke an, von denen manche sogar mit Musikbegleitung waren.

Und all das geschah, während ihre germanischen Zeitgenossen noch in Zeltlagern und Höhlen hausten, mit Lanze und Schwert die Welt durchwanderten und die Langeweile mit der Jagd auf Kaninchen vertrieben.

Was ist nun eigentlich Deutsch, fragte sich Andrej, warum wollte er unbedingt Deutscher werden? Sollte er nicht lieber versuchen, Grieche zu werden?

Während er noch über diese Frage nachsann und die kläglichen Überreste der alten Griechen studierte, kreischte es plötzlich in seinen Ohren so heftig, dass er sich vor Schreck beinahe in die Hose machte. Sicherheitsalarm!, ging es ihm durch den Kopf. Einige Besucher glotzten einander verständnislos an, andere traten zur Seite und zuckten die Schultern, und wieder andere starrten scheinbar teilnahmslos in die Infobroschüren hinein. Zwei Sicherheitsmänner in dunkelblauen Uniformen rannten vorbei, alle Mann gafften hinterher. Wenig später hieß es, der Friedenstörer habe sich entweder irgendwo verschanzt oder war bereits entkommen. Jedenfalls fehlte von ihm jede Spur, ebenso von der kostbaren Nase einer griechischen Gottheit, die er offenbar hatte mitgehen lassen.

Man bat alle Besucher zum Ausgang. Die Sicherheitsbeamten, die inzwischen von der örtlichen Polizei Verstärkung bekommen hatten, betatschten jede Person von Kopf bis Fuß. Taschen, Rucksäcke und sonstige Gepäckstücke wurden auf Tischen geleert, jedes Detail penibel geprüft. Eine beachtliche Menschenschlange bildete sich vor dem Ausgang und schien sich kaum zu bewegen.

»Oh je …«, stöhnte Murat, »so wir bis morgen früh nicht rauskommen.«

Herr Schlüpfmann machte auch einen nervösen Eindruck. Sein Schnurrbart zuckte nämlich immer öfter auf, die Nase lief dunkelrot an, jede halbe Minute zog er den Jackenärmel hoch, um einen Blick auf die Uhr zu werfen. Um 16.30 Uhr war eine Führung im Reichstag geplant, mittlerweile zeigte die Uhr kurz vor vier an.

Murat klopfte plötzlich auf seine Schulter und bat ihn besorgt, die Sache mit dem Polizeikommissar auszumachen.

»Reichstag … ich wollen nicht verpassen«, sagte er.

»Meinen Sie, ich will es verpassen?«, fuhr der Lehrer ihn an.

Doch sobald der große Zeiger die Zwölf passierte, drängelte sich Herr Schlüpfmann vor und begann ein Gespräch mit einem der Polizeibeamten. Sie wechselten einige Worte, und – »Oh, Wunder!«, rief Murat – die Gruppe durfte in der Tat näher an die Absperrung herantreten, das Ganze begleitet von unzufriedenen Kommentaren der anderen Museumsgäste.

»Wir eingeladen … im Reichtag!«, rechtfertigte sich Murat, während er sich mit seinen Ellenbogen durch die Menge arbeitete. Andrej leerte mit Schwung seinen Rucksack: ein verblasster Stadtplan, der Kuschelbär mit der Krone, eine dunkel angefärbte, halbzerquetschte Banane und die Deutschlandfahne fielen in die Hände eines Sicherheitsmitarbeiters. Dieser warf noch einen prüfenden Blick in die Nebentaschen des Rucksacks, schob kommentarlos Andrejs Habseligkeiten samt leerem Rucksack zur Seite und wandte sich Murat zu, der gerade mit großer Sorgfalt die Mauersteine einen nach dem anderen vor sich hochstapelte. Zwei weitere Polizisten und eine ältere Dame mit dem Blick eines beuteerfahrenen Adlers umkreisten auf der Stelle den Tisch und betatschten jeden Stein von allen Seiten.

»Wozu brauchen Sie so viele?«, fragte die Museumsexpertin Murat, nachdem sie alles durchgesehen hatte.

»Mein Bruder bestellen, meine Schwester bestellen, meine Tante bestellen und mein Cousin bestellen. Alle wollen Mauer«, antwortete Murat, dabei setzte er wie immer sein charmant-unschuldiges Lächeln auf. Das überzeugte, und er durfte seine Geschenke einsammeln. Danach trat er zur Seite, legte seinen blaugrün gestreiften Schal um den Hals und bemühte sich in die Jacke.

»Da ist sie ja!«, rief plötzlich jemand.

Alles verstummte.

In der Mitte des Tisches lag eine hellbraune Ledertasche, daneben einige Bücher und Prospekte, dazwischen war deutlich ein weißer Gegenstand zu erkennen, der in der Tat einer Nase ähnlich sah. Herr Schlüpfmann stand ratlos daneben, alle Blicke auf ihn gerichtet.

»Ist das Ihre Tasche?«, fragte ihn ein Polizist, er lupfte sie hoch und schaute in das Innere hinein.

Der Lehrer zögerte und nickte.

»Aber … aber wie kommt sie da rein?«, wunderte er sich, sein Schnurrbart zuckte unrhythmisch, das Dunkelrot verteilte sich nun auf das ganze Gesicht.

»Das müssen Sie besser wissen!«

Man bat ihn in einen geschlossenen Raum, erlaubte ihm aber noch, einige Worte mit Herrn Hoffmann zu wechseln.

»Gehen Sie schon mal vor, ich werde nachkommen«, sagte er zu ihm. »Die Sache kann ich bestimmt schnell klären …«

Er irrte sich. Die kurze, dennoch informative Führung durch die Reichstagsausstellung fand ganz und gar ohne ihn statt. Nach der Führung verteilte am Ausgang eine junge Dame an alle Teilnehmer ein Buch mit dem Titel »Fragen an die deutsche Geschichte«, das deutsche Grundgesetz und einen Metall-Anstecker, auf dem der Reichstag eingeprägt war.

Als Andrej dann im Bus Platz nahm, beguckte er sich sogleich den Geschichtsband näher. Auf der Titelseite waren ein goldverzierter Kaiserhelm, ein schwarzer Zylinderhut und eine eingeknickte, dunkelrote Mütze abgebildet. Die Mütze, die mit einer gelbschwarzen Stoffblume ausgeschmückt war, war einer Schlafmütze gleich. Während er das Buch durchblätterte und das Inhaltsverzeichnis studierte, stellte er fest, es setzte mit dem Jahr 1800 ein. Gab es davor noch kein Deutschland? Begann die deutsche Geschichte erst im Jahr 1800? Andrej wunderte sich und beschloss, der Sache unbedingt auf den Grund zu gehen. Ihm fiel nämlich ein, dass Herr Hoffmann an einer weiteren Schule unter anderem das Fach Geschichte unterrichtete, so wollte er ihn später dazu in Ruhe befragen. Zunächst nahm er sich schon mal vor, drei Paragraphen aus dem Grundgesetz und ein Kapitel aus dem Buch mit der Schlafmütze täglich vorm Schlafengehen zu lesen. So würde er sich bestimmt schnell integrieren, sagte er sich.

Herr Hoffmann machte sich indessen Sorgen um seinen Kollegen, der auch nach der Führung nicht auftauchte. Der Bus musste schließlich ohne ihn zum Quartier abfahren. Herr

Hoffmann wiederholte immerzu denselben Satz: »Das kann er unmöglich gewesen sein, das ist gewiss ein Missverständnis.«

»Gewiss, gewiss …«, bestätigte Murat betroffen, drückte den Rucksack fest an die Brust und ließ einen melancholischen Blick über die lebhafte Straße schweifen.

Da am Tag darauf die Abreise vorgesehen war, organisierten die Mädchen in den Abendstunden ein kleines Fest im Partyraum des Hauses – mit Knabbersachen, Apfelschorle und Bier … Die Überraschung war groß, als pünktlich zum Partybeginn Herr Schlüpfmann in der Tür erschien. Er wirkte hundemüde und abgeschlagen.

Sobald Murat ihn erblickte, räumte er auf der Stelle seinen Platz, öffnete ein Bier und hielt es dem Lehrer hin. »Bitte, Herr Schlüpfmann. Sie können auch meinen Platz haben!«

»Danke, Murat«, sagte Herr Schlüpfmann, setzte sich, stieß einen Seufzer aus und nahm einen tiefen Zug aus der Flasche.

Er erzählte, man habe mit ihm ein langes, nervenaufreibendes Gespräch geführt. Unter anderem wollte man wissen, ob er sich vorstellen könne, dass jemand ihm aus seiner Reisegruppe diesen bösen Streich gespielt hatte. Nein, das sei ausgeschlossen, habe Herr Schlüpfmann entgegnet. Schließlich durfte er gegen eine akzeptable Kaution doch noch gehen. Es könne aber sein, er müsse wieder nach Berlin wegen dieser kuriosen Sache.

Murat schien das Erscheinen des Lehrers mehr als alle anderen zu beglücken.

»Ende gut, alles gut!«, wandte er sich strahlend an ihn und klopfte ihm auf die Schulter, als wäre er schon immer sein bester Kumpel gewesen. »Auf Sie … und auf Berlin!«

Er hielt seine Bierflasche hoch, um mit ihm anzustoßen.

»Auf Berlin …«

Als alles sich etwas beruhigt hatte, ergriff Andrej die Gelegenheit, um Herrn Hoffmann mit seinen Fragen zu bombardieren. Er erfuhr von ihm, dass es Deutschland vor dem Jahr 1800 durchaus gegeben hatte, nur in einer anderen Form. Damals habe es »Das Heilige Römische Reich deutscher Nation« geheißen. Die Idee ginge auf einen gewissen Karl den Großen zurück, der bereits rund eintausend Jahre zuvor gelebt und ganz Europa das Fürchten gelehrt hatte. Ihm wäre es gelungen, das erste europäische Reich, das sich in etwa auf Deutschland und Frankreich erstreckt hatte, vom deutschen Boden aus zu gründen, und dazu noch den begehrten Titel »Römischer Kaiser« beim damaligen Papst zu ergattern. Nun würde er als »Vater Europas« verehrt.

Andrejs Blick klebte an den Lippen von Herrn Hoffmann. Nie zuvor hatte er einen so leidenschaftlichen Erzähler erlebt, wie der dunkelhaarige, wortkarge und immerzu uraltmodisch gekleidete Herr Hoffmann es war. Aufgrund seiner Art sich zu kleiden und der äußerst langen Koteletten wirkte er durchweg weltfremd, als würde er dem letzten Jahrhundert entstammen. Dafür war er aber mit der Gabe gesegnet, Geschichte so aufzubereiten, dass man nicht anders konnte, als hinzuhören und zu staunen. Sein gutmütiger Blick und die sanfte und unaufdringliche Stimme, die einer Kommentatorenstimme aus irgendeinem Märchenvorspann glich, versetzten die Zuhörer in eine geradezu zauberhafte Stimmung. Und da der Partykeller nur mit zwei alten, innen dick verstaubten Stofflampen (links und rechts an den Wänden) ausgestattet war, die nur ein schwaches Licht abgaben, steigerte sich diese Wirkung um ein Vielfaches. Wären nicht die Teelichter, die auf den viereckigen antiken Eichentischen verteilt waren, gewesen, hätte man die Gesichter nur mit Mühe erkennen können. Es war, als säße man in einer altdeutschen Kellerkneipe zu Zeiten des legendären Märchenautors E.T.A. Hoffmann, und jede Minute könnte der böse Sandmann, der Mausekönig oder sogar der Archivarius Lindhorst höchstpersönlich um die Ecke eilen, um alle Anwesenden in Schlangen, Geister und sonstige Märchengestalten zu verwandeln, oder um sie in einem voluminösen Glasgefäß zu versenken.

»Seit wann gibt es eigentlich die deutsche Sprache?«, fragte Andrej.

»So wie wir sie heute kennen?«

»Ja.«

»Seit Luther«, gab Herr Hoffmann zur Antwort und führte ferner aus: »Nachdem Martin Luther die Bibel aus dem Lateinischen in die sächsische Kanzleisprache übersetzt hatte, verbreitete sich das Hochdeutsch nach und nach unter den zahlreichen kleinen Volksgruppen, die sich untereinander nur schlecht verständigen konnten. Und wäre Luther nicht in Sachsen geboren, dann würden wir jetzt miteinander einen anderen der vielen deutschen Dialekte sprechen«.

»Bayerisch?«

»Zum Beispiel. Oder Schwäbisch …«

»Das ist aber verwirrend«, sagte Andrej. »Wenn ich Sie also richtig verstehe, hat sich das Hochdeutsch aus der alten sächsischen Amtssprache entwickelt?«

»Ja, das kann man so sagen.«

»Und warum können dann die heutigen Sachsen kein richtiges Deutsch?«

»Nun …«, Herr Hoffmann schmunzelte, »das ist schon eine andere Geschichte …«

Bevor er jedoch fortfahren konnte, mischten sich Lilly und Olga ins Gespräch ein.

»Kommt ihr auch bitte?«, sagte Lilly mit einem vorwurfsvollen Blick zu Andrej. »Wir haben uns ein paar Spiele überlegt. Es wäre schön, wenn wir gemeinsam etwas machen.«

»Sie sind auch gemeint«, wandte sich Olga Herrn Hoffmann und Herrn Schlüpfmann zu.

Die beiden Herren wehrten sich, jedoch vergeblich.

Die Jungs räumten im Nu die Tische und Stühle zur Seite. Lilly teilte alle Anwesenden in zwei Gruppen ein und erläuterte mit glasklarer Stimme die erste kuriose Aufgabe: »Jeweils ein Ende eines langen Fadens wird zwei Spielern aus den unterschiedlichen Gruppen in die Hand gedrückt, genau in der Mitte wird ein leeres Blatt Papier befestigt – tief eingeritzt und dann mit Tesafilm verklebt. Den beiden Spielern wird dann roter Lippenstift auf ihre Lippen aufgetragen, und ihre Augen werden verbunden, und nun müssen sie auf ein Kommando den Faden in den Mund nehmen und sich ohne Hände, bloß mit ihren Zähnen und Lippen, bis an das leere Papierblatt vorarbeiten und dort dann einen Lippenabdruck hinterlassen. Wer den kräftigsten Abdruck hinterlässt, hat gewonnen.«

Es wurde ausgelost, und wie der Zufall es offenbar wollte, fiel die Wahl auf der einen Seite auf Murat und auf der anderen auf Herrn Schlüpfmann.

»Das kommt nicht in Frage«, protestierte Herr Schlüpfmann und winkte entschieden ab, »das mach ich nicht mit.« Er wandte sich der Tür zu und hatte schon vor zu gehen, doch die Mädchen versperrten ihm den Weg.

Wilder Applaus und rhythmisches Gebrüll folgten: »Herr Schlüpf-mann, Herr Schlüpf-mann …«

Alsbald standen sich die Gegenspieler, Murat und Herr Schlüpfmann, gegenüber und hielten den Faden stramm in der Hand. Nachdem Lilly und die anderen Mädchen das besagte Blatt Papier am Faden festgeklebt, den beiden die Augen verbunden und den Lippenstift aufgetragen hatten, steckte Andrej einen Finger in den Mund und löste mit einem ohrenbetäubenden Pfiff das Startsignal aus.

Erneut grölte alles im Raum: »Herr Schlüpf-mann, Herr Schlüpf-mann …«

Die andere Seite entgegnete: »Mu-rat, Mu-rat …«

Während die Spieler damit beschäftigt waren, den fünf Meter langen Nähfaden hinunterzuschlucken (es sah zumindest so aus), beeilte sich Lilly zur Mitte und entfernte mit einem geschickten Griff das Blatt vom Faden.

»Mu-rat … Schlüpf-mann … Mu-rat … Schlüpf-mann …«, spornten die Mannschaften weiterhin an.

Die beiden bewegten sich aufeinander zu, kauten am Faden wie wilde Kaninchen, ohne etwas Böses zu ahnen. Als dann die deutsche und die kasachische Nase kräftig aufeinander prallten, bemühten sich Murat und Herr Schlüpfmann, so wie die Spielregeln vorsahen, auch um einen Lippenabdruck auf dem Blatt (welches nun nicht mehr am Platz war). Sie küssten sich innigst, schreckten zurück, rissen in Windeseile die Augenbinden hinunter und glotzten einander wie soeben aus einem Sack entlassene Hühner an …

Als alle des Spielens und Wettens müde waren, drückte jemand dem begnadeten Sänger Viktor die Gitarre in die Hand. Dieser zupfte leise an den Saiten und stimmte dann Herrn Schlüpfmanns Lieblingslied an:

»Langsam entschwinden Minuten in die weite Ferne,
auf ein Wiedersehen mit ihnen
brauchst du nicht mehr zu hoffen …«

Tief in der Nacht wachte Andrej von einem zaghaften Ruckeln an seiner linken Schulter auf.

Murat flüsterte: »Schläfst du schon?«

»Ja. Warum?«

»Ich nicht schlafen können … Mein Herz so stark rasen.«

»Bist du krank?« Andrej setzte sich besorgt im Bett auf.

»Ich immer an die Nase denken.«

»Welche Nase?«

Er erinnerte sich nur schwach an den Vorabend, an dem Murats und Herrn Schlüpfmanns Nasen zusammengestoßen waren.

»Die Nase … weiß du nicht mehr? Die aus dem Museum.«

»Ach ja, was ist damit?«

»Ich Schuldgefühle haben, sie hat mich so angeguckt … Ich nicht anders können …«

»Du warst es?!«

Andrej machte augenblicklich einen Sprung aus dem Bett und stand barfuß, in Boxershorts und Unterhemd vor seinem Freund.

»Ich normal so etwas nie machen«, stammelte Murat, »ich dachte, Herr Schlüpfmann keine Kontrolle an der Tür haben, weil er ist Lehrer …«

Andrej war fassungslos. Sollte er seinen Freund trösten? Dieser hockte aufgelöst vor ihm und griff sogar zum Taschentuch, um einige Tränen abzuwischen.

Sie diskutierten beinahe den Rest der Nacht darüber, was nun zu tun war, und beschlossen schließlich, dass Murat sich stellen, sich bei Herrn Schlüpfmann entschuldigen und die Konsequenzen in all ihrer Härte tragen müsste. Aber erst dann, wenn die Truppe daheim ankomme.

»Es ist keiner zu Schaden gekommen«, ermutigte Andrej seinen Freund. »Die Nase ist ja wieder aufgetaucht, so schlimm wird es nicht sein.«

Der Bus rollte nun Richtung Hannover, der Fahrer hatte kristallklare Sicht; kein einziger Regentropfen fiel an diesem Tag auf den Asphalt. Die deutsche Sonne schien wie immer nur mit halber Kraft, als wäre sie verschleiert, und ließ einen trocken-goldenen Herbsttag erahnen. Zwei auf den Spiegeln des Busses befestigte Deutschlandflaggen kämpften rechts und links gegen den kühlen Morgenwind. Aus den Lautsprecherboxen dröhnte ein deutscher Schlager nach dem anderen, die allesamt die Liebe besangen. Der wortkarge Busfahrer – mit einem beeindruckenden Seitenscheitel und einem schmalen Schnauzbart – schickte erneut prüfend-kritische Blicke nach hinten und weigerte sich entschieden, den Sender zu verstellen oder die Musik nur etwas leiser zu machen, als wollte er verhindern, dass in seinem Bus, auf seinem Territorium, weitere melancholische russische Lieder erklängen.

HAST DU ETWAS,
BIST DU ETWAS

Und? Wie war Berlin?«, fragte Dr. Dudinger seine Besucher, griff dann zur Wasserkanne und füllte sein Glas.

»Danke … sehr schön«, antworteten die Freunde beinahe im Duett.

»Möchten Sie auch?«

Der Therapeut hielt die Kanne leicht gekippt über die beiden leeren Gläser, die auf dem Tisch standen.

»Ja, bitte!«, sagte Andrej.

Murat schüttelte hingegen kommentarlos den Kopf.

»Waren Sie im Reichstag?«

»Natürlich«, brummte Murat und wechselte sofort das Thema. »Ich haben Hausaufgaben gemacht«, verkündete er.

»Ach ja«, erinnerte sich Dr. Dudinger an die letzte Sitzung, »Sie hatten ja was zu erledigen, dann schießen Sie mal los.«

Er lehnte sich im Sessel zurück.

Murat faltete behutsam ein Papierblatt auseinander und las daraus vor: »Ich ein gutes Auto haben, ich etwas bin! Ich ein großes Haus haben, ich etwas bin! Ich eine Firma haben, ich etwas bin!«

Dr. Dudinger griente, ließ ihn jedoch ungestört zu Ende lesen.

»Das mit dem Auto …«, bemerkte er überraschend sarkastisch, »hoffentlich können Sie es dann auch nutzen.«

»Warum?«

»Ich meine, wir wollen hoffen, dass Sie den Führerschein bis dahin zurückbekommen.«

Murat presste die Lippen zusammen, seine Augen blitzten auf, er äußerte sich aber nicht weiter dazu.

»Das war nur Spaß«, ließ ihn Dr. Dudinger wissen, berührte dann sein rechtes Knie und lächelte ihn gutherzig an, »das schaffen Sie schon.«

»Und Sie?« Er wandte sich Andrej zu. »Was ist Ihnen zu dem Spruch eingefallen?«

»Mir …« Andrej zögerte kurz und fuhr fort: »Nicht viel … auch nur ein paar Sätze, ich bin mir nicht sicher, ob ich richtig liege.«

»Es gibt hier kein richtig oder falsch, wir sind nicht in der Schule. Lassen Sie uns hören.«

Er nahm einen Schluck Wasser zu sich, lehnte sich wieder zurück, überschlug die Beine und kreuzte die Arme vor der Brust.

»Also … das ist mir eingefallen«, sagte Andrej und las langsam vor:

1. Hast du einen guten Freund, dann bist du etwas!

2. Hast du ein gutes Herz, dann bist du etwas!

3. Hast du ein offenes Ohr für die Mitmenschen, dann bist du etwas!

4. Hast du ein Zuhause, wo du dich wohl fühlst, dann bist du etwas!

5. Hast du ein Kind, das dich gern hat, dann bist du etwas!

6. Hast du eine gute Arbeit, dann bist du etwas!

Andrej hielt inne und schaute fragend Dr. Dudinger an.

»Das war's?«, erkundigte sich Dr. Dudinger.

»Ja … Ich hatte nicht viel Zeit.«

»Das ist aber gar nicht so übel.«

Er sann einen Moment darüber nach und setzte fort: »Wissen Sie was? Mir kommen noch ein paar Dinge in den Sinn, sie würden Ihre Liste gut ergänzen.«

Er griff zum Kugelschreiber, der auf dem Notizblock geduldig auf seinen Einsatz wartete, legte Andrejs Liste auf den Block und fügte einige Sätze an. Als er mit dem Schreiben fertig war, las er sie ebenfalls vor:

7. *Hast du eine gute Zunge und gebrauchst sie richtig, dann bist du etwas!*

8. *Hast du Sinn für Humor und gebrauchst diesen, dann bist du etwas!*

9. *Hast du geschickte Hände und gebrauchst diese, dann bist du etwas!*

10. *Hast du Achtung vor älteren Menschen, dann bist du etwas!*

11. *Hast du Achtung vor dem Leben, dann bist du etwas!*

»Die Liste ließe sich natürlich fortsetzten«, sagte Dr. Dudinger. »Es ist besser, Sie machen sich selbst darüber Gedanken. Das aber, was hier schon steht, sind alles Dinge, denke ich, die den Schlüssel zum erfüllten Leben liefern könnten. Aber natürlich kann man nicht alles auf einmal haben …«

»Mir liegt noch so ein Ding auf der Zunge«, unterbrach ihn Andrej. »Darf ich?«

»Aber sicher.«

Er nahm den Zettel an sich und kritzelte den nächsten Satz auf den Rand.

12. *Hast du einen deutschen Pass, dann bist du etwas!*, las er leise vor und blickte verlegen zu Dr. Dudinger.

Dieser wollte etwas nachfragen, hielt aber inne und schaute Andrej ernst in die Augen.

»Nun …«, setzte er nach kurzer Pause fort, »natürlich, Sie haben recht, ich wäre darauf niemals gekommen. Ohne den deutschen Pass fühlt man sich wahrscheinlich nur als halber …« Er stockte erneut, als wäre er sich nicht sicher, ob er den Satz beenden sollte.

»Als halber, was?«, meldete sich plötzlich Murat.

»Hm … als halber Mensch, würde ich sagen.«

»Richtig«, bestätigte Andrej. »Aber das Schlimme ist ja, man wird hier und da nur als ein halber Mensch behandelt. Wie soll man sich dann nicht auch so fühlen?«

»Ja, ja, das stimmt«, plapperte Murat nach und deutete mit dem Zeigefinger auf seinen Freund. Er schien sich aufrichtig zu bemühen, nicht den Anschluss zu verlieren, rutschte auffallend auf dem Stuhl hin und her und schlug abwechselnd die Beine übereinander.

»Meinen Sie, all die Menschen ohne deutschen Pass fühlten sich anders, wenn sie ihn hätten?«, fragte der Therapeut.

»Ich denke schon.«

Andrej führte vorsichtig das bis zum Rand befüllte Glas an den Mund, leerte es bis zur Hälfte und fuhr fort: »Aber natürlich ist damit nicht alles getan, das wäre zumindest der erste wichtige Schritt, und dann …«

Er stockte.

Dr. Dudinger nutzte die Pause: »Und dann würde der lange Weg zum Deutschsein erst richtig beginnen. Wollten Sie das sagen?«

»Hmh … in etwa.«

»Das mag schon richtig sein«, führte Dr. Dudinger aus. »Auch unser wiedervereintes Land wird sich in den Herzen der Menschen noch lange geteilt anfühlen. Erst wenn die neuen Generationen kommen, wächst es tatsächlich zusammen.«

»Logisch«, stimmte Murat zu.

Dr. Dudinger dachte einen Augenblick nach.

»Ein weiser Mann sagte einmal: ›Jeder Einwanderer bleibt Zeit seines Lebens ein Einwanderer.‹ Er hatte, glaube ich, recht, denn jeder Ausländer, gleich in welchem Land der Erde er sich befindet, muss sich sein Leben lang innerlich zerrissen fühlen, muss zwei Seelen in sich verspüren, unabhängig davon, ob er einen inländischen Pass besitzt oder nicht. Wichtiger ist hierbei, ob er die Existenz der zwei Seelen gleichermaßen für sich akzeptiert. Tut er das, dann hat er die Chance, glücklich zu sein.«

Andrej war sich auf einmal nicht sicher, ob er Dr. Dudingers Sicht teilte und sie richtig auffasste. Aber vielleicht wollte er ihn nicht verstehen. In seinem Inneren sträubte sich etwas dagegen; er klammerte sich noch an die Idee, irgendwann ein waschechter Wessi zu werden, denn das hatte er sich fest vorgenommen. Darum schaute er teilnahmslos unter den Tisch, wo er Murats blankpolierte, hin und her wackelnde Schuhspitzen entdeckte.

Dr. Dudingers Blick schweifte zum Wecker, dann richtete er ihn auf die Armbanduhr, um sicher zu gehen, dass der Wecker die Zeit korrekt anzeigte.

»Oh! Wir haben uns schon wieder verplappert«, verkündete er. »Ich hatte eigentlich mit Ihrem Freund noch einiges vor, aber ein bisschen Zeit haben wir ja noch.«

Und er wandte sich Murat zu: »Und? Schmeckt das Bier in Berlin? Wie viel haben Sie davon getrunken?«

Murat konterte empört: »Ich bin kein Biertrinker!«

Als der Therapeut die jungen Männer verabschiedete, sagte er mit gedämpfter Stimme zu Andrej: »Ich weiß, für Sie ist das Thema noch nicht abgeschlossen. Wir kommen aber bei Gelegenheit darauf zurück.«

Andrej nickte, wonach Dr. Dudinger einen Augenblick lang seine Hand festhielt und ihn eines warmen, väterlichen Blickes würdigte. Sobald er aber Murats Hand ergriff, zog er sogleich die seine reflexartig zurück, damit Murat sie nicht wieder zusammenquetschte. Er lächelte gutherzig hinter ihnen her und rief: »Auf Wiedersehen, und bis zum nächsten Mal …«

Jeder Einwanderer bleibt zeitlebens ein Einwanderer. Man kann bestenfalls die Fraktalattierungen vermeiden Glaubens der Integration

BETTDECKEN AUF KAFFEEFAHRT

Nach dieser Therapiestunde war Murat äußerst sauer auf Dr. Dudinger, aber auch ein bisschen auf Andrej. Er behauptete, der Therapeut würde sein Problem auf die leichte Schulter nehmen, und Andrej warf er vor, er habe vorschnell eine beinahe kumpelhafte Beziehung zu Dr. Dudinger aufgebaut.

»Und was soll dieses Gequatsche? Diese … diese Philosophie?«, beschwerte er sich.

Nicht dass er gar kein Interesse an den wichtigen Fragen des Lebens hätte, das eben nicht. Er habe lediglich das Gefühl, Andrej und Dr. Dudinger würden seine Ansichten zu Fragen des Habens und Seins nicht ernst nehmen.

»Geld ist alles!«, ließ er erneut verlauten. »Ich bleiben dabei, ich kaufen alles in Kasachstan und werden dort Präsident. Du werden noch sehen!«

Aber Andrej wurde auch dann und wann von Zweifeln geplagt; er erinnerte sich sehr gut daran, dass man in ihrer Heimat in der Tat beinahe alles mithilfe von Geld oder einigen gutgenährten Schafen erreichen konnte. Die Schaufenster in den Märkten hatten zwar nicht üppig ausgesehen, hinter den Tresen jedoch (und in den Lagerräumen) wurden Waren von unschätzbarem Wert gebunkert, als hätten sich die Händler schon für die Zeit nach dem befürchteten Atomkrieg eingedeckt.

So entsann sich Andrej eines Vorfalls, der sich in seiner frühen Jugend ereignet hatte, als schwarze Aktenkoffer aus billigem Kunststoffleder, mit silberfarbenem Beschlag ringsherum, unter den Schülern der älteren Klassen in Mode gekommen waren. Wie sehr wünschte er sich so einen Aktenkoffer, der Wunsch blieb ihm jedoch lange verwehrt. Erst als sein Vater die alten Beziehungen spielen ließ, indem er die Leiterin eines Universalmarktes kontaktierte, kam Andrej in den Besitz eines solchen Koffers. Er hatte es noch genau vor Augen, wie er zur vereinbarten Zeit am Diensteingang des Ladens erschienen war, einer netten, heftig einparfümierten Dame mit knallroten Lippen in das halbdunkle Lager folgen durfte und dann die bis zur Decke hin vollgestopften Regale erblickt hatte: lauter Aktenkoffer, die ordentlich in durchsichtige, knistrige Folie eingehüllt waren. Nach dem Kauf eines Koffers hatte er sich in der Tat einige Tage lang als sehr wichtig empfunden, als wäre er Diplomat, Geschäftsmann oder zumindest jemand, für den derlei Laufbahn vorgesehen war. Damals war ihm zum ersten Mal aufgegangen, was das sogenannte Vitamin B, aber auch Macht und Geld bedeuteten. Aus diesem Grund konnte er Murats Ansichten einerseits nachvollziehen, andererseits sehnte er sich nach einem Leben, in dem Geldscheine keine allzu große Rolle spielten und Menschen nicht nach Besitz und Vermögen und schon gar nicht nach ihrer Herkunft beurteilt wurden.

Er hatte gehofft, in Deutschland wären alle Menschen ausgezeichnet versorgt, darum würden die meisten das Geld bloß als Mittel zum Zweck betrachten. Schnell fand er jedoch heraus, dass dem nicht so war. Er traf hier öfter auf Menschen, die nach sowjetischen Verhältnissen als sehr vermögend galten, sich selbst aber für bettelarm hielten, und deswegen sogar Trübsal bliesen. Wieso, fragte er sich immer wieder, steht der Mensch seinem eigenen Glück im Wege? Warum sind die Deutschen stets unzufrieden? Warum nörgeln sie? Oder war es womöglich auch eine Eigenart von ihnen, der er noch nachgehen müsste?

Eines Tages meldete sich Jurek, der Pole, wieder bei Murat und bot ihm Arbeit in einem angeblich sehr innovativen Unternehmen an. Die Versicherungsbranche habe er hinter sich gelassen, es habe sich nicht mehr gelohnt, hieß es. Hingegen sei das neue Unternehmen, in dem er aktuell beschäftigt war, so ertragreich und lukrativ, dass man garantiert innerhalb nur weniger Jahre zum Millionär würde. Er selbst sei es schon fast. Daraufhin teilte er Murat einen Termin für die nächste Infoveranstaltung mit; dort würde er Näheres erfahren. Wenn er wolle, könne er Andrej ebenfalls mitbringen, es gebe in dieser Firma sehr viel zu tun!

Worum es sich bei der Tätigkeit genau handelte, wusste Murat letztlich nicht. Es ginge um moderne Gesundheitsprodukte, die jedermann haben wollte, erklärte er seinem Freund nach dem Telefonat mit Jurek.

Eigentlich hatte sich Andrej nach den abenteuerlichen Erfahrungen in der Finanzbranche geschworen, niemals mehr mit Jurek gemeinsame Geschäfte zu tätigen, jedoch fand er die Sache mit den neuartigen Gesundheitsprodukten recht verlockend. Und da Murat ohnehin darum bettelte, ihn zu dieser Infoveranstaltung zu chauffieren, beschloss er, sich das vielversprechende Konzept anzuhören. Es kann nicht schaden, es kostete schließlich nichts, sagte er sich. Diesmal war er sich darüber im Klaren, sein Konto würde sich nicht auf wundersame Weise mit Millionen füllen, wie es Jurek prophezeit hatte. Sprüche solcher Art nahm er keinem Menschen mehr ab.

Am Abend vor dem angesagten Termin holte Andrej seine bereits leicht angestaubte Geschäftskleidung hervor, bürstete und bügelte sie sorgfältig; die Robe glänzte wie an jenem Tag, als er mit Jurek zu seinem ersten Kunden Alexander gefahren war, um bei ihm die Finanzlage zu analysieren. Die alten Business-Schuhe waren hingegen nicht mehr zu gebrauchen, der rechte Absatz hatte sich gelöst und sich irgendwo tief im Schrank verschanzt, so dass Andrej nur noch Sandalen und hoffnungslos verschmutzte Laufschuhe zur Auswahl standen. Er entschied sich schließlich für die Laufschuhe.

Am Samstag, direkt nach dem Mittagessen, machten sich die Freunde in Andrejs salatgrünem Auto auf den Weg. Die Veranstaltung sollte weit weg von Hannover stattfinden, in einem traditionsreichen beschaulichen Kurort, dessen Namen sich Andrej leider nicht gemerkt hatte. Er wusste lediglich, der Name dieser Stadt fing mit »Bad« an.

Nach langem Herumkurven durch die selten befahrenen Landstraßen erreichten sie kurz vor der Kaffeestunde das abgelegene Hotel, welches den Namen »Schlosshotel« trug. Das Gebäude war mit zwei Türmchen ausgestattet, ringsherum gab es eine betagte Mauer und einen Wassergraben, in dem sich einige faule Enten mit ihren Kinderlein verirrt hatten. Der unasphaltierte Parkplatz ging in eine großflächige Wiese über, auf der eine Schar von scheinbar erst kürzlich geschorenen, echt niedersächsischen Schafen ihr Dasein fristete. Als Andrejs grünes Gefährt auf den Parkplatz fuhr, hoben die

Schafe wie auf Kommando ihre kahlen Köpfe und musterten überaus kritisch die neuen Gäste.

»Määäh, Määäh …«, gaben sie im Chor von sich, wobei es nicht klar war, ob sie auf diese Weise Willkommensgrüße äußerten oder sich über das alte, klapprige Auto lustig machten.

Wie aus dem Nichts tauchte plötzlich Jurek auf und übernahm kurzerhand die Aufgabe des Parkplatzeinweisers. Er fuchtelte wild mit beiden Armen und grinste.

»Schön, dass ihr kommt«, rief er, sobald Andrej den Motor ausgestellt und den Türhebel betätigt hatte. Jurek streckte sogleich seine Hand aus, als wollte er Andrej aus dem Auto helfen. Noch mehr verblüffte Andrej, dass sein ehemaliger Chef ihn brüderlich in den Arm nahm und sogar für einen Augenblick fest an sich drückte.

Jurek schlug vor, sie könnten sich gern in das Hotel begeben, im Seminarraum stünde der Kaffee bereit, dazu gebe es frischgebackenen Blechkuchen. Er selbst müsse allerdings noch ein bisschen auf dem Parkplatz verweilen, er erwarte noch einen Bus mit wichtigen Gästen. Wenn sie den Eingang passierten, erklärte Jurek, dann sollten sie die erste Tür links nehmen.

Es dauerte tatsächlich nicht lange, bis er ebenfalls im Seminarraum erschien, gefolgt von einem Dutzend ausschließlich älterer Gäste – die meisten weit über sechzig, zwei Damen schoben gar einen Gehhilfewagen vor sich her. Andrej fragte sich, ob all diese Menschen etwa auch in Jureks innovativer und erfolgversprechender Firma mitarbeiten wollten. Aber vielleicht waren sie einfach Rentner und wollten nur etwas hinzuverdienen? Überrascht war er auch, Murats alten Geschäftsfreund Jürgen dort anzutreffen, bei dem er vor etlicher Zeit einen so fulminanten Geburtstag erlebt hatte.

Es stellte sich heraus, dass Jürgen ebenfalls der Finanzbranche den Rücken gekehrt hatte. Er war zum ersten Stellvertreter von Jurek geworden – seine »rechte Hand«, wie er stolz verkündete –, und hatte persönlich die Busgäste aus der Stadt in das Schlosshotel begleitet.

Jurek ließ alle Anwesenden mit verführerisch duftendem Kaffee und frisch gebackenem Kuchen versorgen. Und erst als die Kuchenplatten bis auf ein paar Restkrümel leergefegt waren, nahm er gewichtig auf einem dunkelblau gestrichenen Bühnenpodest Platz und prüfte die Sprechanlage, indem er dezent mit seinem blassen Zeigefinger auf das Mikrofon klopfte und einige bedeutungslose Floskeln hindurchschickte: »Eins, zwei, drei …«

»Liebe Gäste«, wandte er sich dem Publikum zu. »Schön, dass Sie gekommen sind. Ich möchte Sie im Namen der Firma J & J Pro Gesundheit GmbH herzlich willkommen heißen.«

Unterdessen hatte sich auch Jürgen in seiner Nähe platziert, er ließ seinen todernsten Blick durch die Gästerunde schweifen und kritzelte schließlich irgendetwas konzentriert auf einen Zettel, als hätte er soeben die Teilnehmer durchgezählt.

»Wir sind ein unabhän-giges Gesundheitsunternehmen. Wir durchforsten ständig den deutschen Markt nach den besten Produkten«, fuhr Jurek fort, »eines davon werde ich Ihnen heute vorstellen.« Er machte außerdem allen nachdrücklich bewusst, wie wichtig es sei, sich nicht nur gesund zu ernähren und in Bewegung zu bleiben, sondern vor allem (und das sollte auf der Rangliste unbedingt als Erstes erscheinen!) gesund zu schlafen.

»Haben Sie schon einmal darüber nachgedacht, wie viel Lebenszeit Sie im Schlaf verbringen?«, fragte er herausfordernd.

»Ein Drittel …?«, entgegnete zaghaft eine der Damen mit dem Gehhilfewagen. Da sie ein Hörgerät trug, hatte sie nicht weit von der Bühne, an einem der vordersten Tische, Platz nehmen dürfen.

»Ein Drittel! Das ist vollkommen korrekt«, bestätigte Jurek. »Angenommen, Sie lebten insgesamt dreißigtausend Tage, davon verbringen Sie also rund zehntausend Tage im Bett. Nun frage ich Sie: Ist es wichtig, diese Zeit gesund zu gestalten?«

Alles nickte.

Und nachdem er die vermeintlich miserable Schlafzimmerausstattung der Deutschen kritisiert, über uralte Federbetten und Schaummatratzen, Ungeziefer und Milben fabuliert hatte, machte er seinem Assistenten Jürgen ein Handzeichen. Dieser schmiss sogleich den Diaprojektor an, der auf einem Beistelltisch auf seinen Einsatz wartete, und verhüllte zügig die drei am nächsten zur Bühne liegenden Fenster mit schweren, dunkelgrünen Samtvorhängen. Hinten knipste jemand am Lichtschalter, und auf der Leinwand kam ein wahres Ungeheuer zum Vorschein: ein angsteinflößendes Wesen, tiefschwarz und mit einem Dutzend Beinen, der Blick bedrohlich wie bei einem seit geraumer Zeit hungerleidenden Wolf.

»Uuuh ... was ist denn das?«, flüsterten die Damen ängstlich.

»Kennen Sie dieses Tier?«, fragte Jurek und grinste.

Niemand antwortete.

»Das ist ein Haustier«, lüftete Jurek sogleich das Geheimnis, »eine Milbe, nur ein bisschen vergrößert.«

Murat lachte plötzlich ungehalten auf: »Ein bisschen ist gut ...«, sagte er und ruckelte scheinbar erleichtert auf dem Stuhl. Er schien Jureks Rede äußerst aufmerksam zu verfolgen, seine Pupillen flackerten dann und wann auf.

In Wirklichkeit war die Milbe nicht nur »ein bisschen« vergrößert, sondern mindestens tausendfach oder gar mehr. Sie erschien in all ihrer Grässlichkeit vor dem lebenserfahrenen Publikum, das trotz seines hohen Durchschnittsalters offenbar noch keine Bekanntschaft mit diesem »Haustier« gemacht hatte (zumindest war dieses Ungeheuer keinem in der Größe begegnet, das stand fest).

Jurek legte weiter nach: »In jedem Federbett und jedem Federkissen wimmelt es nur so von diesen grausigen Tierchen. Es gibt dazu sogar wissenschaftliche Artikel.«

Er griff mit einer Hand in seine Tasche und zauberte eine Handvoll Berichte zu dem Thema hervor – aus Zeitschriften, deren Titel Andrej noch nie im Leben vernommen hatte. Murat und Andrej bat er darum, die Kopien zu verteilen. Als dann jedermann im Raum mit einem Zettelchen versorgt war, zitierte Jurek zwei aussagekräftige Absätze aus einem der Artikel, woraufhin sich Stille im Raum einstellte – alles starrte nachdenklich auf die Zettel.

Andrej fiel ein, dass er längst keine Federbetten mehr im Schlafzimmer hatte, sondern Betten, die mit echter Schafwolle ausgestopft waren – lauter Wolle von Tieren, die das ganze Jahr über auf den in manchen Kreisen so bekannten kasachischen Steppen weideten. Dieses Bettzeug hatte ihm seine fürsorgliche Mutter vor geraumer Zeit direkt aus Kasachstan einfliegen lassen, sobald sie erfahren hatte, dass ihr Sohn für immer im fernen, kalten Deutschland zu bleiben beschlossen hatte. Einen ganzen Frachtcontainer hatte sie dafür reserviert, um viele weitere nützliche Dinge an ihn schicken zu können.

»So!«, schallte plötzlich Jureks Stimme durch den Raum.

Andrej zuckte zusammen.

»Meine Damen und Herren«, setzte er fort, »nun möchte ich Ihnen unser Qualitätsbett aus reiner Merino-Schafwolle vorstellen.«

In diesem Moment schob sein Stellvertreter eine riesendicke, dunkelgrüne Tasche hinter dem Tisch hervor (etwa einen Meter mal zwei Meter), riss mit Schwung den Reißverschluss auf und zog vorsichtig eine fellweiche Bettdecke ans Licht. Als er sie dann auseinanderfaltete und vor sich hielt, präsentierte sich den Gästen eine unsäglich idyllische Landschaft: ein dunkles Rassepferd mit seinem Fohlen auf einer Sommerwiese, umgeben von blühenden Bäumen und Blumen; sie beschnupperten sich liebevoll und schielten unschuldig auf das Publikum hinunter. Es gab keinen Zweifel, ein großer Meister hatte dieses entzückende Bild auf die Bettdecke gezeichnet.

Ein erstauntes Raunen ging durch die Tischreihen.

»Schluss mit Milben, Schluss mit Schwitzen im Sommer und Schluss mit Frieren im Winter«, fuhr Jurek impulsiv fort, »Wolle ist super gesund, atmungsaktiv und dazu noch unschlagbar warm im Winter …«

Kurz gefasst, es folgte eine Lobeshymne auf die Schafwolle. Kein Mensch widersprach. Auch Andrej, der Jureks Vortrag überkritisch verfolgt hatte, war eigentümlicherweise mit jedem Wort einverstanden. Mehr noch: Er war nun felsenfest überzeugt, die Sache sei in der Tat ein sehr lukratives Geschäft. Endlich waren sie auf etwas gestoßen, wofür es sich einzusetzen lohnte. Beim Verkaufen dieser Wunderware, überlegte er, würde ihn sicher das Gefühl überkommen, den Menschen etwas Gutes zu tun.

»Es ist egal, meine Damen und Herren«, vernahm er aufs Neue Jureks Stimme, »ob es Winter oder Sommer ist, Sie schlüpfen in der Abendstunde in das Bett hinein – am besten splitternackt –, Ihr Schweiß wird sofort absorbiert, Ihre Haut atmet mit, und morgens wachen Sie frisch und munter auf, haben gleich fabelhafte Laune und fühlen sich obendrauf zehn Jahre jün-ger. Das garantiere ich Ihnen!«

»Was? Ganz nackt?«, warf plötzlich ein korpulenter Herr mit breitem rosarötlichen Gesicht und schneeweißem Haar ungeniert ein. »Ich hab meinen Schatz schon seit Ewigkeiten nicht mehr nackt gesehen, vielleicht wäre das ja eine Chance?«

Er stupste darauf sacht die neben ihm sitzende Dame an, die etwas verstört auf den Tisch blickte. Offensichtlich war sie sein »Schatz«. Das Publikum amüsierte sich gemeinsam mit ihrem Gatten, dem Witzbold, der sich selbstzufrieden in hysterischem Lachen erging. Jurek und Jürgen schmunzelten ebenfalls. Wie es schien, kam den beiden die Hochstimmung unter den Gästen gelegen (später erfuhr Andrej, ein zu rechter Zeit gemachter Witz vermochte die Klientel am besten zum Kauf zu animieren).

»Zu diesem wundervollen Oberbett gibt es noch das passende Unterbett und ein Kissen«, setzte Jurek pathetisch fort und strich gefühlvoll mit seiner blassen Hand über das Bettteil, das er inzwischen auf einem Konferenztisch ausgebreitet hatte.

»Und glauben Sie mir, meine Damen und Herren, wenn Sie sich bei Hagel und Schnee in dieses Bett hineinkuscheln, dann wollen Sie nicht mehr raus.«

Er legte das Unterbett und das Kissen dazu, machte das Bett zurecht und fügte hinzu: »Ich will Ihnen nun die Gelegenheit bieten, in dem Bett Probe zu liegen. Möchte jemand?«

Kein Mensch traute sich als Erster.

»Kann ich probiera?«, meldete sich plötzlich Murat.

»Nur zu!«

Er zog schwungvoll an seinen Schnürsenkeln, legte das Sakko vorsichtig über die Stuhllehne und schlüpfte unter die

Bettdecke auf den Tisch. Jurek rollte das Oberbett persönlich über ihn aus.

»Und? Wie fühlt sich das an?«

»Geee…il!«, hauchte Murat aus und grinste zufrieden. »Es ist nur etwas kurz.«

In der Tat, seine breiten, in weiße Tennissocken gehüllten Füße ragten unter der flauschigen Wolldecke hervor, der große rechte Zeh zuckte nervös.

»Für dich müssen wir ja auch eine Elefantengröße bestellen«, scherzte Jurek.

Einige Gäste wagten sich indessen näher an das Wunderbett heran. Der dicke Witzbold mit dem rosaroten Gesicht traute sich auch, Probe zu liegen. Schwer ächzend kletterte er unter dem Gekicher der Damen auf den Tisch und ließ sich von Jurek liebevoll zudecken.

»Ach …«, stieß er heraus und fuhr mit seinen pummeligen Fingern über den ballartigen Bauch.

Dann rutschte er plötzlich ein Stück Richtung Tischrand, schlug schnell die Bettdecke auf, haute mit der linken Hand auf den neben ihm freigewordenen Platz und sagte bestimmend: »Komm, Elfriede, das musst du unbedingt auch testen.«

Elfriedes Gesicht lief auf der Stelle rot an, leise konterte sie jedoch: »Das machen wir lieber zu Hause … und zwar so, wie es sich richtig gehört: ganz nackt!«

Offenbar vom Angebot überzeugt, ließ der Gatte nach.

»Was kostet denn so ein Bett?«, erkundigte sich ein anderer Herr mit tief eingefallenen, etwas herunterhängenden Wangen. Er hatte das turbulente Geschehen aus sicherer Entfernung verfolgt und schien der Einzige unter den Anwesenden zu sein, der das Wunderbett nicht einmal anfassen mochte, geschweige denn Probe liegen.

»Dazu komme ich gleich«, sagte Jurek. Und nachdem alle wieder ihre Plätze eingenommen hatten, rückte er mit der Preisliste heraus. »Also ... dieses tolle Merinoschaf-Bett«, gab er bekannt, »kostet Sie komplett, das heißt alle drei Teile – das Unterbett, das Kissen und das Oberbett – nur drei Mark fünfzig pro Tag.«

»Bitte? Wie ...«, hörte man verwunderte Rufe.

»Drei Mark fünfzig pro Tag, lediglich ein Jahr lang«, wiederholte Jurek. Dann erläuterte er seine Rechnung näher: Der Gesamtpreis würde 1.200 DM betragen, man könne aber in Raten zahlen, 100 DM pro Monat, also drei Mark fünfzig pro Tag – mit anderen Worten so viel, wie ein Durchschnittsraucher für seine Zigaretten ausgibt.

»So wenig, meine Damen und Herren, kann Gesundheit kosten«, rief er dann. Er griff dabei zum Verkaufsformular und hielt es hoch: »Wer möchte als Erster?«

Alles glotzte stumm auf den Tisch, eine peinliche Stille stellte sich ein.

»Das ist aber viel Geld«, unterbrach der Herr mit den hängenden Wangen die Stille, »und das alles mal zwei ...«

Jurek zögerte einen Augenblick mit der Antwort, dann sagte er: »Also, es ist nämlich so: Wir haben hier nur zehn Betten mit. Wer als Erster kauft, kann es heute mit nach Hause nehmen. Der Rest geht auf Bestellung, das kann bis zu zwei Monate dauern.«

Er nahm einen Schluck Wasser und verkündete: »Aber wissen Sie was? Weil ich heute gute Laune habe, mache ich Ihnen ein Angebot, meine Damen und Herren: Wer sich hier und jetzt für zwei Komplettbetten entscheidet, der bekommt ein drittes Bett umsonst dazu!«

Erneut ging ein Raunen durch die Tischrunde.

»Ehrlich! Aber nur unter einer Bedingung: Hier und …«

»Määäh …«, schallte es plötzlich durch den Raum. Alle Köpfe drehten sich wie auf Kommando zur Eingangstür: Zwei Schafe, ein jüngeres und ein ausgewachsenes – vermutlich ein Mutterschaf und ein Lämmchen, beide mit dunkelschwarzen Schnauzen – verweilten da und gafften neugierig in den Konferenzraum hinein, als hofften sie, ihre Herde dort wiederzufinden. (Wenn sie nur wüssten, wie nah sie in Wirklichkeit dran waren …)

Jurek schien die Zunge verschluckt zu haben; er starrte unentwegt auf die ungerufenen Gäste und war wie gelähmt. Sein Assistent Jürgen schnellte hoch und flitzte Richtung Tür. Ein hochgewachsener, dünner Hotelbursche mit schneeweißem Hemd und hellorangener Krawatte eilte ihm zur Hilfe. Sie schubsten die Tiere und drängten sie mühsam Richtung Ausgang. Die Schäfchen weigerten sich jedoch zu begreifen, was die zwei herumfuchtelnden Herren in derart festlicher Kleidung von ihnen wollten. Immer wieder entliefen sie ihnen und verschanzten sich in eine der Foyerecken. Andrej und Murat waren auch bald zur Stelle, um die beiden hilflos wirkenden Herren zu unterstützen. Murat übernahm sofort die Regie und kommandierte mit seiner hohen und lauten Stimme herum. Wie konnte es anders sein? Schließlich war er doch in einer echten Sowjetkolchose groß geworden, seine Eltern hatten etliche Herden von rassigen Schafen schlachtreif gefüttert, und die Großeltern hatten die weiten Steppen erobert. Unter seinem Kommando verdrängte nun die Einsatztruppe die Eindringlinge zügig aus dem Hotel und brachte sie schließlich hinter die Absperrung, dorthin, wo ihre frisch geschorene Verwandtschaft weidete. Während seines Einsatzes hatte Murat ununterbrochen auf die Schafe eingeredet, als hätte er ihnen Befehle erteilt. Als die Tiere dann hinter dem Zaun waren, sagte er zu ihnen: »Das Betreten des Hotels ist verboten, ihr Lieben. Ihr mich verstehen? Sonst gibt es Schaschlik …« Dabei fuhr er mit einer Hand quer an seinem Hals entlang, um die Bedeutung des Worts »Schaschlik« zu veranschaulichen.

»So, meine Damen und Herren«, schmetterte Jurek in den Raum und schmunzelte sichtlich erleichtert, »verzeihen Sie bitte die kleine Unterbrechung, Schafe sind eben ein doofes Volk, aber zum Glück haben sie noch die Wolle.« Er hielt kurz inne, starrte in sein Konzept und fragte: »Wo war ich stehengeblieben?«

»Bei hier und heute«, erinnerte ihn die Dame mit dem Gehhilfewagen.

»Ach ja, stimmt. Wer also hier und heute zwei Merino-Wollbetten kauft, der bekommt ein drittes Bett umsonst dazu …«

Was daraufhin geschah, vermochte sich Andrej nicht zu erklären. Nach der erzwungenen Pause waren die Gäste wie verwandelt. Beinahe jeder war auf die wundersamen Merino-Wollbetten aus, sogar die uralte Dame mit dem Gehhilfewagen. Der Herr mit dem rosaroten Gesicht ließ sich als Erster zwei in Plastikhüllen eingeschweißte Betten aushändigen. Und während Jurek den Kaufvertrag ausfüllte, stellten sich drei weitere Pärchen hinter ihm an.

Murat schaute Andrej bedeutungsvoll in die Augen. »Und? Wir auch zwei Betten mitnehmen? Das dritte könnten wir dann wieder verkaufen …«

Andrej zuckte lediglich mit den Achseln. Er war sich nicht sicher, ob er das Wunderzeug wirklich benötigte. Da er aber schon beschlossen hatte, in Jureks Firma mitzuarbeiten, dachte er schließlich: »Bett hin, Bett her, ein Ansichtsexemplar brauche ich sowieso.«

Murat hüpfte hochbegeistert zu Jurek, um ihn zu bitten, drei Komplettbetten für seine alten Freunde und zukünftigen Mitarbeiter aufzuheben. Als er freudestrahlend zurückkam, flüsterte er Andrej geheimniskrämerisch zu, dass Jurek schon daran gedacht hätte – die Betten lägen in einem Extrakarton. Er deutete mit dem Zeigefinger auf ein Paket unter dem Tisch. Mehr noch, für die neuen Kollegen hätte der gute Pole sogar einen zwanzigprozentigen Rabatt eingeräumt. Der Mann sei echt klasse, fügte Murat hinzu.

Jeder um tausend Mark ärmer, jedoch überglücklich, verließen die Freunde das Schlosshotel (mit drei riesigen Plastiktüten unter den Armen). Mit den Kaufverträgen hatten sie zugleich die Mitarbeiterverträge unterzeichnet und mit Jurek den ersten Schulungstermin vereinbart, der drei Wochen später stattfinden sollte. Da sie aber schon wussten, wie der Vertrieb funktionierte, hatte ihnen der Pole auf Murats Drängen ein paar Verkaufsprospekte ausgehändigt. So konnten sie mit dem Millionenmachen auf der Stelle beginnen.

Während sie nun mit ihren Paketen entlang des Wiesenzauns Richtung Parkplatz schlenderten und sich aufgeregt über die Möglichkeiten des neuen Geschäftsmodells unterhielten, scharte sich die komplette Schafherde an der Absperrung und stimmte plötzlich ein modernes Schäferlied an: »Määäh … määäh … määäh …«, setzten die Tiere hintereinander ein und wollten mit ihrer Darbietung auch dann nicht aufhören, als die frischgebackenen Geschäftsmänner ihre Wundertüten bereits im Kofferraum verstaut hatten. Sobald Andrej die Zündung betätigte, drehte er das Radio bis zum Anschlag auf, lenkte den Wagen zügig auf die Straße und drückte das Gaspedal mit aller Kraft durch.

Inzwischen hatten die beiden einen Bärenhunger bekommen, daher beschlossen sie kurzerhand, an einem türkischen Imbiss anzuhalten. Obwohl an einer Hauptstraße gelegen und mit einem bunt bemalten Werbeplakat ausgestattet, auf dem eine braun-grüne Dönertasche aus weiter Entfernung erkennbar war, war das Lokal nicht überlaufen. Lediglich ein junges Pärchen fanden sie dort vor. Und als der kleingewachsene, zuvorkommende Türke ihnen die Döner serviert hatte, verließ das Pärchen schon das Lokal.

Der grauhaarige Türke zeigte sich sehr freundlich, auch wenn er kaum sprach. Er setzte immer wieder ein breites Lächeln auf, sobald man den Blick auf ihn richtete. Es schien, als würde er an diesem Nachmittag die Schicht allein fahren.

»Es ist sehr lecker!«, rief Murat ihm zu und deutete schmatzend auf die Dönertasche.

Der Herr nickte und griente lediglich, drehte dann seinen Kopf verschüchtert zum Fenster.

Murat griff zur Colaflasche, schüttete den Rest in das Glas hinein und sagte plötzlich zu Andrej:

»Du ... was du davon halten, wenn wir ihm ein Bett verkaufen?«

»Was bitte?«

»Dem Türken da«, er sah zu dem Herrn hinüber, »wir haben doch noch das dritte Bett.«

»Meinst du das ernst?«

»Ja.«

»Hör doch auf.«

»Warum nicht?«

Andrej wusste keine Antwort darauf.

Murat verschlang eilig die Dönertasche, putzte seine vor Fett glänzenden Lippen ab und verschwand nach draußen. Strahlend erschien er bald mit der eingeschweißten Plastiktüte in der einen und den Verkaufsprospekten in der anderen Hand. Der Türke blickte ihn neugierig an. Murat zögerte nicht und fragte, ob er Schafe möge und zeigte auf das Wunderbett.

Der Herr schien ihn nicht sofort zu verstehen, denn er schüttelte den Kopf und plapperte: »Nein, nein …«

Murat winkte ihm zu und bat ihn, bei ihnen am Tisch Platz zu nehmen. Dann schlug er das Verkaufsprospekt auf und präsentierte ihm drei Merinoschafe, die auf der zweiten Seite des Prospekts den Leser überglücklich anstarrten.

»Du Schafe mögen?«, fragte Murat erneut.

»Schafe?«, strahlte der Türke ihn an. »Schafe lecker …«

»Ja, lecker«, sagte Murat und freute sich offenbar darüber, dass der Kunde ihn nun doch verstand, »aber nicht nur das.« Er blätterte aufgeregt das bilderreiche Prospekt durch und erklärte dem Türken ausführlich jede Abbildung. Natürlich vergaß er nicht zu erwähnen, dass er in einem der modernsten Gesundheitsunternehmen tätig sei, welches sich auf solche Wunderbetten spezialisiert habe, die Firma sei führend in ganz Deutschland, vielleicht sogar in der Welt, was diese Art von Gesundheitsprodukten betraf.

Der türkische Herr zeigte sich bei dem Vortrag sehr einsichtig; er hörte ausgesprochen aufmerksam zu, nickte und sagte dann und wann staunend »ja?« »echt?« und am Ende sogar »gut Kollege, Schafe lecker«, was wohl nichts anderes bedeuten sollte, als dass er alles begriffen habe. Nur einmal verzog er leicht erschrocken das Gesicht, nämlich dann, als Murat die Seite mit der blutdurstig glotzenden Milbe aufschlug.

»Oooh …«, tönte er und schüttelte den Kopf, »nicht gut, Kollege … Schafe Angst!«

Etwa eine halbe Stunde brachte Murat damit zu, um den Dönermann über die Vorzüge der Merino-Wollbetten aufzuklären. Er blätterte das Prospekt bis zum letzten Blatt durch und fuchtelte dabei mit seinen langen Armen herum. Schließlich riss er schwungvoll die Plastiktüte auf, streichelte sanft über ein Oberbett und sagte: »Hm … Schafe lecker!«

Der Türke war sehr angetan, insbesondere dann, als er das Wunderbett selbst anfassen durfte. Als Murat jedoch mühsam auf einen fettbetatschten Bierdeckel den Preis kritzelte und ihm diesen vor die Augen hielt, wedelte der Türke energisch mit der rechten Hand ab und verkündete: »Nein, Kollege, Schafe … nicht lecker!«

Im selben Moment quietschte die Eingangstür, und vor ihrem Tisch erschien eine ältere, ebenfalls türkisch aussehende Frau im bodenlangen, rotschwarzen Kleid, ihr Kopf war in einen schneeweißen Schal eingehüllt. Sie glotzte fragend erst auf die Prospekte, dann auf das Merino-Bett und schließlich auf den Dönermann, der sich verständlicherweise verpflichtet fühlte, sie den beiden Gästen vorzustellen.

»Mein Bruder!«, verkündete er mit felsenfester Überzeugung und richtete den Zeigefinger auf die Frau. Daraufhin gab er ihr in Türkisch (in nur zwei Minuten!) den Sinn des Vortrags von Murat wieder, und als er ihr den fettbeschmierten Bierdeckel mit dem Preis präsentiert hatte, winkte sie missbilligend ab und sagte: »Nein, Kollege, wir Schafe nicht essen!«

Sie verschanzte sich zügig im Nebenraum, der Hausherr eilte hinter den Tresen und tat sehr beschäftigt, indem er zu einem spitzen, säbelähnlichen Messer griff und damit gekonnt und ununterbrochen am Fleischspieß hantierte. Erst als einige Minuten später neue Kundschaft den Laden betrat, weichte er wieder auf und strahlte, als wäre nichts geschehen.

»Zwei Döner, bitte«, bestellte ein junger Mann.

DIE MILLION IST NICHT ALLES

Murat nahm sich vor, mit seinem Therapeuten ein ernstes Wörtchen zu reden. Das könne wohl nicht sein, dass Dr. Dudinger seine Lebensansichten belächelte, beschwerte sich Murat. Es gebe schließlich viele Auffassungen vom Sinn des Lebens, und er habe ein Recht auf seine Lebensphilosophie. Was sei schlecht daran, dass er Millionär werden wollte?

In der nächsten Sitzung sprach Murat die Angelegenheit an. Dr. Dudinger entschuldigte sich natürlich sogleich. Murat habe ihn missverstanden, so habe er es nicht gemeint. Und damit Murat ihm glaubte, fügte er noch hinzu:

»Wissen Sie was? Ich habe vielleicht in der Tat etwas gegen Millionäre, aber wenn ich die Chance hätte, einer zu werden, könnte ich für nichts garantieren!«

Murat starrte ihn verdutzt an. Wie solle er das nun verstehen?

»Der Satz ist nicht von mir«, gab Dr. Dudinger zu, »sondern von Marc Twain. Wenn ich aber ehrlich sein will, bin ich mit meiner Meinung nicht weit davon entfernt.«

»Echt?«

»Echt.«

Murat kratze sich am Kopf und dachte einen Augenblick nach.

»Aber warum sind Sie so gegen Geld?«

»Ich bin nicht grundsätzlich gegen Geld«, klärte er auf. »Ich wollte Ihnen nur klar machen, dass es im Leben einige Dinge gibt, die wichtiger sein können als Millionen.«

»Zum Beispiel?«

»Zum Beispiel …«, Dr. Dudinger zögerte. »Zum Beispiel ein Freund.«

»Ein Freund wichtiger als eine Million?«

»Ja!«

Murat kraulte sich wiederholt hinter dem rechten Ohr, seine Lockenfrisur ruckelte hin und her. Beschämt schaute er zu Andrej herüber.

»Darüber … ich haben noch nicht nachgedacht«, gab er leise von sich.

»Oder ein Kind«, fügte Dr. Dudinger hinzu.

»Ein Kind?«

»Ja, ein Kind.« Er nickte.

»Das können ich noch verstehen«, zeigte sich Murat einsichtig, »nur das mit dem Freund …«

Er wandte sich plötzlich an Andrej: »Was du würdest wählen: mich oder eine Million?«

»Hm …« Andrej stockte. »Am liebsten beides«, versuchte er auszuweichen.

»Nun«, Dr. Dudinger mischte sich ein, »in Wirklichkeit stehen Menschen selten vor einer Wahl, sich für einen Freund oder fürs Geld zu entscheiden. Ich wollte nur sagen, dass es manchmal wichtiger ist, Zeit in eine Beziehung zu investieren statt ins Geldverdienen.«

»Aber gute Arbeit ist wichtig! Sie doch selber das gesagt …
letztes Mal.«

»Ja, allerdings. Ich meine hier die Zeit, die Ihnen darüber
hinaus zur Verfügung steht.«

Murat stammelte: »Ich verstehen …«

Dann riss er auf einmal seine Augen weit auf und grinste:
»Ich in meiner freien Zeit viel mehr machen: Ich verbringen
Zeit mit Andrej, und ich versuchen aus ihm einen Millionär
zu machen …«

Er berichtete daraufhin ausführlich von dem letzten gemeinsamen (bis dahin nur wenig erfolgreichen) Geschäfts-
vorhaben mit den wundersamen Wollbetten. Der Therapeut
nickte dann und wann verschmitzt, wagte sich jedoch nicht,
den begeisterten Bericht über das »unabhängige und innova-
tive« Gesundheitsunternehmen zu unterbrechen. Mit Sicherheit befürchtete er, schon wieder den Anschein zu erwecken,
er nehme Murat nicht ernst. Andrej fühlte sich verpflichtet,
etwas zu unternehmen. Er schubste zwei- oder dreimal sacht
mit dem Knie den Oberschenkel seines Freundes an, und da
dieser keine Reaktion zeigte, griff er zu einer Methode, die er
sonst nur in Ausnahmefällen einsetzte: Er legte seine Hand
auf Murats linkes Bein und schnappte mit allen fünf Fingern
fest zu.

»Aua …« Murat fuhr in die Höhe und glotzte seinen Freund
überrascht an: »Was du machen?«

»Weißt du, wie sich ein Fohlenbiss anfühlt?«, fragte Andrej
und griente.

Dr. Dudinger lachte laut auf.

Murat antwortete nicht. Stattdessen fragte er den Therapeuten, ob er ihm bei der nächsten Sitzung ein Wunderbett
vorstellen dürfe.

Das könne er nicht rechtfertigen, beeilte sich Dr. Dudinger zu entgegnen. Die Therapiezeit sei nicht dazu da, um irgendwelche Produkte vorzuführen – selbst dann nicht, wenn diese zum allgemeinen und psychischen Wohlbefinden des Patienten einen bedeutenden Beitrag leisten sollten.

»Vielleicht ergibt sich aber irgendwann eine andere Gelegenheit«, fügte er am Ende hinzu.

In Murats Augen leuchtete erneut ein Funke auf.

»Ich weiß schon eine Idee«, sagte er und zwinkerte Andrej verschwörerisch zu. »Wir Sie zum Essen einladen, mit Ihrer Frau zusammen. Und dann … wir zeigen nicht nur die Betten, sondern auch die Supertöpfe!«

»Was für Töpfe?«, wunderte sich der Therapeut.

»Das werden Sie sehen.«

Andrej ahnte, worauf Murat anspielte. Bei der letzten Schulung hatte ihr Chef Jurek nämlich ein weiteres innovatives Produkt präsentiert; ein einundzwanzigteiliges Set, welches aus allerlei energiesparenden Kochtöpfen und Bratpfannen mit ungewöhnlich dickem Thermoboden, Salatschüsseln und Siebzeug bestand. Dieses Kochset hatte er als »unabdin-gbare Ausrüstung« der modernen Küche angepriesen. Die Edelstahlkochtöpfe waren nicht nur außerordentlich energie- und wassersparend, sondern verfügten sogar über die Fähigkeit, beinahe von alleine Speisen zuzubereiten. Auch wenn die Ausrüstung mehr als tausend DM kostete, lohnte es sich auf jeden Fall, sie zu haben, hatte Jurek behauptet. Auf Dauer würden sich die Kosten zügig auszahlen. Und natürlich gab es für die Mitarbeiter der Firma wieder einen satten Rabatt …

Dr. Dudinger hatte prinzipiell nichts gegen eine Einladung zum Essen. Er wolle lediglich mit seiner Frau darüber sprechen, sagte er und schmiss die beiden Männer hinaus.

DAS LIED
VOM FREUND

Dr. Dudingers Weisheiten über die Wichtigkeit einer Freundschaft kosteten Murat einige schlaflose Stunden. Zum ersten Mal schien er begriffen zu haben, dass es außer Karriere, Geld und Macht auch andere Werte im Leben gab. Das führte sogar dazu, dass er tatsächlich mehr Zeit mit Andrej verbringen wollte. Er klingelte mehrfach am Tag an oder stand des Öfteren ohne Grund vor der Tür, um »einfach mal zu quatschen«. Andrej hegte zwar für ihn ebenso tieffreundschaftliche Gefühle, fühlte sich jedoch überrumpelt, wenn dieser manchmal sonntagmorgens um halb acht anrief, um sich zu erkundigen, ob Andrej zufällig schon wach sei. Ein anderes Mal kratzte er mit seinen »Pfoten« (ebenfalls um halb acht) zuerst sacht, dann zunehmend lauter werdend, ähnlich einer Frühaufsteher-Katze, an die Wohnungstür und hoffte auf diese Weise festzustellen, ob sein Freund sich noch in der Tiefschlafphase oder schon in der Aufwachphase befand. Eines Morgens machte Andrej vor Schreck beinahe ins frisch überzogene Bett, als er während der zermürbenden Aufwachphase Murat am Fußende des Bettes eulenstill hockend entdeckte. Freundschaftlicherweise hatte Andrej ihm den Schlüssel anvertraut, und nun saß der Kerl da und starrte in das Buch mit dem Titel »Geschäftsgepflogenheiten in Deutschland«, das er einige Wochen zuvor bei Andrej ausgeliehen hatte. Er wolle es ihm lediglich wiedergeben, sagte er, als Andrej sich blitzartig im Bett aufrichtete und weit die Augen aufriss.

Da Murat nur schlecht alleine sein konnte, machte er es sich in dieser Phase zum Hobby, auch andere schlafliebende Bewohner des Hauses auf die Palme zu bringen. Mal hörte man ihn im Flur eine russische Volksweise pfeifen, mal auf der Gitarre unsäglich laut klimpern und dazu mit seiner gänzlich unpassenden Stimme Lieder des legendären russischen Barden Wladimir Wissotskij nachsingen. Zu seinem Lieblingslied wurde kurioserweise »Das Lied vom Freund«, welches von wahrer Männerfreundschaft handelt. Die echte Freundschaft bewährte sich erst dann richtig, besagt in etwa dem Sinn nach das gute Lied, wenn ein Freund sich in einer heiklen Situation, während einer Bergwanderung nicht gleich aus dem Staub mache, sondern, wenn nötig, zusammen mit dem Notleidenden in eine Schlucht hinunterstürze.

Nach dem Gespräch mit Dr. Dudinger über die Wichtigkeit von Freundschaften drang dieses Lied auffällig oft aus Murats Wohnung in das Treppenhaus. Andrej befürchtete schon, sein Freund würde bald mit ihm zusammen einen Berg besteigen wollen, um ihre Freundschaft zu testen. Zum Glück kam es anders. Eines nasstrüben spätherbstlichen Abends stand Murat wieder vor Andrejs Tür mit seiner neuen, rotgelbkarierten, tief über die Ohren gezogenen Mütze, in leichter Sportbekleidung und mit Badeklamotten in einer Plastiktüte und rief herausfordernd: »Komm schwimmen, du faule Socke!«

»Schwimmen? Wo denn?«

Andrej kam sogleich der Gedanke an das Steinhuder Meer, das sich bekanntlich nahe der niedersächsischen Metropole befindet. Dort konnte man ihre Freundschaft mit Sicherheit gut auf die Probe stellen. Er war dann sichtlich erleichtert, als Murat erklärte: »Im Hallenbad, in der Stadt«, und fügte hinzu: »Silke hat angerufen, sie auch kommen dorthin.«

»Silke!?«

Andrej druckste plötzlich herum, denn er hatte die pummelige Blondine eine ganze Weile nicht zu Gesicht bekommen, nämlich seit Jürgens Geburtstag. Er erinnerte sich auch sehr genau an das »unmoralische« Angebot, das sie ihm am darauffolgenden Morgen mittels Murat unterbreitet hatte. So etwas hatte er danach nicht noch einmal erlebt und wusste nun nicht, wie er sich zu verhalten hatte, wenn er ihr begegnete.

»Ja, und sie bringen eine Freundin mit«, setzte Murat hinzu. »Komm, hol deine Badehose!«

Es klang vielversprechend, daher ließ sich Andrej schnell überreden, stellte jedoch fest, dass er keine heile Badehose besaß, seine alte hatte ein kleines Loch im Bereich der rechten Pobacke.

»Kein Problem«, verkündete Murat, »ich dir meine Badehose leihen, ich haben zwei.«

Gesagt – getan.

Etwa eine Stunde später fanden sie sich in dem sommerlich warmen Hallenbad wieder. Silke und ihre Freundin waren noch nicht aufgetaucht.

Auf dem glasklaren Wasser tanzten zahlreiche Lichter, die das grelle Licht der über dem Schwimmbecken angebrachten Strahler widerspiegelten. Im Ruhebereich, bei den Liegen, die nahe der Fensterfront verteilt und teils zwischen den südländisch anmutenden, tiefgrünen Topfpflanzen versteckt waren, herrschte hingegen eine dezente Beleuchtung vor. Mehrere freie Plätze luden zum Verweilen ein. Eine Wonne für die Seele, dachte Andrej, und nahm sich vor, in Zukunft diesen Badeort öfter aufzusuchen. Einzig die schlapp sitzende sowjetische Badehose, bei der er die ausgelaugte Schnur immer aufs Neue festziehen musste, machte ihn ein wenig unglücklich. Sie drohte jeden Moment ohne Vorwarnung beinabwärts zu rutschen. Trotz dieses unpässlichen Umstands wollte Andrej auf keinen Fall die Gelegenheit versäumen, von dem über drei Meter hohen Sprungbrett kopfabwärts zu springen. Sobald der streng wachende Bademeister den Zugang zum Sprungturm freigegeben hatte, kletterte Andrej die Treppe als Erster hinauf. Und als er dort oben den Blick über die schillernde Wasseroberfläche schweifen ließ, verschwendete er keinen Gedanken mehr an die Badehose. »Eins, zwei, drei ...«, zählte er die Probesprünge auf dem Brett. Er streckte seine Arme nach vorn aus, schloss die Augen und stellte sich vor, er würde gleich einen hohen Berg hinunterstürzen (natürlich nur Murats wegen ...).

Immer dann, wenn er so einen Wassersprung gewagt hatte, kostete er diesen aus, driftete einige Meter unter Wasser und ließ sich langsam an die Wasseroberfläche treiben. Diesmal aber, sobald sein Körper ins Wasser tauchte, spürte er entsetzt, wie sich die Badehose selbständig machte; nur einen kurzen Moment lang war sie an dem großen Zeh des rechten Fußes hängengeblieben und hatte sich dann für immer verabschiedet. Andrej geriet in Panik und schoss wie ein zu Tode erschreckter Delfin aus der Tiefe hervor. Als er einen Blick auf den Turm warf, registrierte er, dass sich dort oben eine Schlange aus jungen, springsüchtigen Männern formiert hatte. Einer fuchtelte schon mit den Armen und grölte hinunter:

»Weg da, mach Platz!« Sobald Andrej zur Seite geschaufelt war, fielen sie kühn, einer nach dem anderen, ins Becken und bespritzten die am Beckenrand gaffenden Mädels. Diese ergriffen kreischend die Flucht.

Andrej hielt nun Ausschau nach seinem Freund, der anfangs ebenfalls vorgehabt hatte, einen Sprung ins Wasser zu wagen. Er war aber nirgends zu sehen. Erst einige Augenblicke später entdeckte er ihn auf der gegenüberliegenden Seite des Schwimmbeckens hinter einer Topfpflanze. Er war in Gesellschaft von Silke und ihrer Freundin, die Andrej nicht kannte. Sie plauderten miteinander, Murat strahlte und reagierte nicht auf Handzeichen seines Freundes, obschon er ab und zu in seine Richtung blickte. Erst als Andrej zum anderen Beckenrand gepaddelt kam und einige Male nach Murat rief, bemerkte ihn dieser. Murat deutete sogleich in Andrejs Richtung, woraufhin sich die Frauen langsam erhoben und zusammen mit ihm zum Schwimmbecken schlenderten.

»Typisch Murat!«, dachte Andrej und ärgerte sich, denn immer wenn Murat eine neue Frauenbekanntschaft machte, wollte er diese sogleich seinem Freund vorstellen.

Auch dieses Mal sei es lediglich eine spontane Idee gewesen, rechtfertigte sich Murat später. Er konnte schließlich nicht wissen, dass Andrej die Badehose abhandengekommen war …

»Ulla«, stellte sich Silkes Freundin vor, als Andrej zunächst Silke und dann ihr die nasse Hand aus dem Wasser heraus reichte.

Murat neigte sich zu ihm, zwinkerte und flüsterte: »Sie ist Schauspielerin.«

»Und?«

»Wie ›und‹?«

»Das ist mir egal, ich bin in Not«, hauchte er ihm entgegen.

»Wieso?«, wunderte sich Murat. »Und warum du nicht aus dem Wasser kommen?«

»Ich hab … ich habe keine Badehose mehr.«

»Was? Ich dir doch eine ausgeliehen?«

»Sie ist weg … beim Springen.«

Andrej richtete den rechten Zeigefinger auf den Turm. »Kannst du einmal um das Becken gehen und nach ihr schauen?«

Murat grinste und verkündete plötzlich laut: »Das ist nicht schlimm, ich dir morgen neue Badehose kaufen.«

»Murat, bitte!«

Sein Freund witzelte stattdessen: »Ich kann Handtuch halten, wenn du zur Dusche gehen. Oder warte, bis der Bademeister Licht ausmachen.«

Ulla und Silke, die beide auffällige Tangahöschen trugen, dazu schmale Bikini-BHs, die sie hätten gleich weglassen können, kicherten bereits unentwegt.

Andrej kochte. Aber plötzlich entsann er sich Murats Lieblingsliedes und rief: »Muss ich dir erst das Lied vorsingen?«

»Welches Lied?«

»Das Lied über die Freundschaft!«

Murat verstummte. Seine Gesichtsfarbe wechselte in Sekundenschnelle zwischen Grüngelb und Purpurrot. Er lächelte angespannt und schaute schließlich grimmig drein.

»Ich gehe ja schon …«, presste er durch die Zähne.

»Er braucht doch keine Badehose mehr«, wandte sich Silke auf einmal an Murat und griente.

»Wie du das meinen?«

»Es ist gleich zehn Uhr!«

Sie deutete auf die runde Uhr, die sich über dem Häuschen des Bademeisters befand. In diesem Augenblick erklang auch die schrille Pfeife des Bademeisters, der sich am Beckenrand platzierte – Beine breit, geballte Fäuste im Lendenbereich abgestützt. Alles blickte zu ihm.

»Es ist zweiundzwanzig Uhr, meine Damen und Herren«, gab er mit dröhnender Stimme bekannt, »ich bitte Sie, sich von Ihren Badesachen frei zu machen!«

Dann zeigte er seinen breiten Schwimmerrücken und verschanzte sich hinter der Glasscheibe.

Wie auf Kommando begannen alle Badegäste, die sich noch zu dieser Stunde im Schwimmbad befanden, ihre Badeanzüge und Höschen abzustreifen. Ulla und Silke zögerten ebenfalls nicht, sich zu entblößen. Dabei störten sie sich gar nicht daran, dass Murat sie mit weit aufgerissenen Augen angaffte. Seine Gesichtshaut nahm bald ein permanentes Dunkelrot an, und er blickte um sich, als wäre ihm ein Elefant auf den Fuß getreten.

»Was ist das?«, brachte er verdutzt über die Lippen.

»Was ist ›was‹?«, fragte ihn Ulla.

»Warum ihr das machen?«

»Es ist zweiundzwanzig Uhr, es ist textilfrei!«

Sie drehte ihm ihren knackigen, braungebrannten Po zu und tippelte elegant zusammen mit Silke zu den Liegen.

Auch Andrej, der sich übrigens keine Sorgen mehr über die entschwundene Badehose machte, kam sich vor, wie in einem schlechten Hollywoodfilm. Plötzlich ging ihm die Bedeutung des in Klammern platzierten Wörtchens »textilfrei« auf, welches er auf einer Tafel vor dem Hallenbadeingang flüchtig wahrgenommen hatte. Womöglich, hatte er da gedacht, hieß es, dass man keine Bademäntel und Handtücher in den Badebereich mitnehmen dürfe. Und da sein Freund und er ohnehin nicht vorhatten, Textilien dieser Art mitzuschleppen, verschwendete er keine Sekunde lang einen Gedanken daran, was das tückische Wort bedeutete.

Die verdammt schwere deutsche Sprache, fiel ihm nun bloß ein. Wieso schrieb man nicht statt »textilfrei« einfach »Vorsicht, ab zweiundzwanzig Uhr Eintritt nur für Nudisten«? Oder auch »Heute ist Tag der Freikörperkultur«? Oder ganz lapidar »Nacktes Baden«? Nein, ein gescheiter Bademeistergeist, der nach Beachtung strebte, musste sich dieses nichtssagende, doppeldeutige Wörtchen ausdenken, welches nicht einmal für jeden Deutschen auf Anhieb zu verstehen war, geschweige denn für die ausländischen Gäste. Er fragte sich nur noch, ob Silke etwa vorher von der Sache gewusst hatte. Es schien, als hätte sie es mit Absicht Murat gegenüber verschwiegen.

Murat glotzte immer noch verdutzt umher und machte nicht den Anschein, der Anweisung des Bademeisters folgen zu wollen. Mit Genugtuung rief Andrej ihm nun zu: »Hey, hast du es nicht gehört? Runter mit der Hose!«

Noch bevor Murat darauf reagieren konnte, tauchte vor ihm schon, wie aus dem Boden gewachsen, Herr Bademeister höchstpersönlich auf.

»Ich bitte Sie, Ihre Badehose auszuziehen oder den Badebereich zu verlassen«, sagte er mit gnadenlos-strengem Blick, aus dem mehr als deutlich abzulesen war, er sei zu keinen Kompromissen bereit. Wahrscheinlich wäre der Blick dieses Herrn etwas weicher ausgefallen, hätte er gewusst, dass sein Badegast aus einem Lande kam, wo man das textilfreie Schwimmen in den öffentlichen Badeanstalten noch nicht praktiziert hatte, und dass er der erste Mensch in Murats Leben war, der ihn zum Entblößen nötigen wollte.

»Ja, ja, gleich …«, stammelte Murat.

Er neigte sich aufs Neue zu Andrej und flüsterte: »Komm, wir verschwinden hier.«

»Warum?«

Murat deutete kommentarlos auf den Bademeister, der weiterhin in der Nähe wartete und mit den bohrenden Blicken den Anschein erweckte, als würde er Murat gern beim Entkleiden behilflich sein.

Andrej sah es nicht ein. Warum sollte er ausgerechnet jetzt, wo er sich im Schwimmbecken pudelwohl fühlte, das Wasser verlassen?

»Ich schwimm noch ein paar Runden«, gab er zur Antwort.

»Dann … ich gehen allein!«, kündigte Murat trotzig an.

»Meinetwegen …«

Murat watschelte beleidigt zu Ulla und Silke, um sich offenbar von ihnen zu verabschieden. »Ich noch Termin haben … ich rufen an …«, hörte ihn Andrej den beiden zurufen, dabei winkte er ihnen zu und schlurrte zügig Richtung Ausgang.

Nachdem Andrej etwa zehn Runden durch das plötzlich menschenvolle Becken geschwommen war, kletterte er an einer Stelle heraus, die am nächsten zum Ausgang lag, und tippelte fröstelnd die Treppe hinunter, die zu den Dusch- und Umkleideräumen führte. Als er die letzten Stufen erreichte, traf er plötzlich auf seinen Freund; dieser hing wie festgetackert an einem rundlichen Fenster herum, welches in der Seitenwand des Schwimmbeckens eingebaut war. Wie in einem Unterwasser-Zoo bot es einen sagenhaften Blick in die hannoversche Unterwasserwelt. Allerdings wimmelte es dort statt vor exotischer Meerestiere vor lauter nackten Menschenkörpern; dicke und dünne, helle und dunkle, alte und junge, Körper männlichen und weiblichen Geschlechts, die allesamt freudig wie im orientalischen Jungbrunnen planschten. Und keiner von ihnen ahnte die gaffenden Blicke des einst anständigen Sowjetbürgers. Es schien, als fühlte sich Murat dabei sehr sicher. Er befand sich schließlich außerhalb des Bademeisterblickfeldes. Entzückt und selbstvergessen genoss er das aufregende Spektakel. Und so kam es, dass er nicht einmal bemerkte, wie sich sein Freund herangeschlichen hatte und ihm staunend über die Schulter schaute. Nur einen Augenblick lang zögerte Andrej, dann streckte er den Zeigefinger aus und bohrte ihn seitlich unter Murats unterste rechte Rippe hinein, dabei rief er lauthals, die tiefe Stimme des Bademeisters nachahmend: »Runter mit der Hose!«

»Auaaaa …«

Wie ein zu Tode erschrockenes Känguruh hopste Murat zur Seite und gab einen animalischen Aufschrei von sich. Er glotzte seinen Freund mit hin und her hüpfenden Augäpfeln an und überdeckte ihn im nächsten Moment mit urrussischen Flüchen, wie sie Andrej noch nie aus einem menschlichen Munde vernommen hatte.

»Das war doch nur Spaß«, amüsierte sich Andrej.

»Ich auf deinen Spaß scheisen!«, brummte Murat und machte sich erneut an das wundersame Fenster heran. Es sah ganz und gar danach aus, als wollte er mit keinem Menschen (nicht einmal mit seinem besten Freund) den Blick in die zauberhafte Unterwasserwelt teilen. Also schlenderte Andrej enttäuscht in den Duschraum. Er schäumte sich von Kopf bis Fuß mit dunkelgrünem, nach Frühlingsblumen duftendem Duschgel ein und summte dabei eine Melodie vor sich hin. Mit Bestürzung stellte er plötzlich fest, dass er das »Lied vom Freund« nachsummte. Vor Schreck glitt ihm plötzlich die Tube aus der Hand; sie hüpfte Richtung Tür, die zur Umkleide führte, klatschte leicht dagegen, und eine Handvoll grüner, schwabbeliger Flüssigkeit flutschte daraus auf die nassen Fliesen.

Just in dem Augenblick, als er mühevoll die optimale Wassertemperatur eingestellt hatte und gerade vorhatte, sich unter den wohlig warmen Wasserstrahl zu begeben, um den Schaum abzuspülen, vernahm er eine bedrohlich dröhnende Männerstimme im Flur. Sogleich flog schon die schwere Eingangstür auf und knallte gegen die Wand, Murat düste wie eine Rakete hinein und huschte Richtung Umkleideraum an ihm vorbei. Hinter ihm der Bademeister. Die zweite Tür, die zur Umkleide führte, fiel hinter Murat mit einem Knall ins Schloss. Als der Verfolger dann die Türklinke an sich reißen wollte, rutschte plötzlich sein rechter Fuß an der grünlichen Duschgelpfütze aus, so dass er mit seinem sportlich-muskulösen Gesäß auf die Fliesen plumpste und darauf einige Meter direkt in Andrejs Duschkabine schlitterte. Andrej konnte sich gerade noch mit einem Sprung zur Seite retten. Mit dem Kopf stieß der Bademeister schließlich kräftig gegen die Abtrennwand und winselte wie ein unbeholfener Hund. Das wohlig warme Wasser lief ihm das Gesicht hinunter, auf das weiße T-Shirt und auf die Hose.

Als er die Augen aufschlug, erblickte er Andrej – von Kopf bis Fuß eingeschäumt. Er richtete sich stöhnend auf, musterte ihn einen Augenblick lang und fragte: »Dieser Kerl eben, das ist doch ein Freund von dir, oder?«

»N… nein, nicht so richtig«, stammelte Andrej.

»Was heißt ›nicht so richtig‹?«

»Wir haben uns erst vorhin kennengelernt.«

Er errötete.

»Aha.«

»Wirklich!«

»Das hätte ich jetzt auch gesagt«, brummte er beleidigt, humpelte dann auf die Tür zu und umklammerte fest die Türklinke.

Eine Viertelstunde später verweilte Andrej, bereits angezogen, in der Eingangshalle und fragte sich, ob sein Freund noch im Gebäude war und ob er auf ihn warten sollte. Ihm war natürlich bewusst, sie befanden sich nicht in den hohen Bergen, und Murat würde daher den Weg nach Haus allein finden können, doch der Gedanke an das »Lied vom Freund« ließ ihn nicht los und machte die Entscheidung schwer. Er beschloss, eine Weile zu warten, ging jedoch bald vor die Tür, um dort nach seinem Freund Ausschau zu halten. Sein Blick schweifte über den nächtlichen Parkplatz hinweg und entdeckte in der Tat eine männliche Silhouette – etwa dort, wo er das Auto geparkt hatte. Als er sich einige Schritte auf das Auto zubewegte, begann die Silhouette auf einmal energisch zu winken.

»Da bist du ja«, sagte Andrej leise.

Trotz des schwachen Laternenlichts war Murats buntkarierte, tief über die Ohren gezogene Mütze von Weitem zu erkennen.

»Wo bleiben du so lange?«, fragte Murat vorwurfsvoll, als Andrej sich langsamen Schrittes näherte und den Schlüssel ins Schloss schob. Mit erleichterndem Seufzer plumpste Murat auf den Beifahrersitz und knallte die Tür zu.

»Was ist denn mit dir los?«

Andrej starrte den Freund mit aufgerissenen Augen an, denn er hatte festgestellt, dass dieser außer der Mütze, der Badehose und der Jacke nichts mehr am Körper trug. Nicht einmal Schuhe! Er zitterte außerdem wie ein heimatloser Hund, der sein Herrchen verloren hatte und deshalb etliche Nächte im Freien campieren musste.

»Was, was? Siehst du es nicht?«, fuhr Murat ihn an. »Du nicht so blöd fragen, lieber Gas geben.«

»Soll ich nicht erst nach deinen Sachen schauen?«, fragte Andrej nach einer kleinen Pause.

»N… nein, danke. Wir morgen nach Sachen gucken«, entgegnete er und klapperte dabei mit den Zähnen.

Daraufhin drehte Andrej den Zündschlüssel um, knipste die Scheinwerfer an und rollte durch den abendlichen Nieselregen vom nebelumhüllten Parkplatz hinunter.

WIE FÜHLT SICH DEUTSCHLAND AN?

ier«, sagte Dr. Dudinger und legte eine Bücherliste hin, »die sollten Sie sich zu Gemüte führen.« Außer der Liste hatte er zudem einige Bücher aus seiner häuslichen Bibliothek mitgebracht und erklärte sich nun bereit, das eine oder andere Buch auszuleihen, wenn es von Interesse sei.

Während Andrej sich die Titel anschaute, erzählte der Therapeut, wovon die Bücher handelten. Es waren ausschließlich Sachbücher. Ein Taschenbuch entstammte einer Reihe, die sich dazu verpflichtet hatte, Philosophie auf eine zugängliche Art vor allem jungen Menschen nahezubringen; die Bücher sollte ihnen helfen, eine gesunde Einstellung zu materiellen Dingen zu entwickeln.

»Dieses Buch habe ich für Sie mitgebracht«, sagte Dr. Dudinger.

Murat studierte konzentriert den Titel und verlor kein Wort. Er las nicht gern, und schon gar nicht auf Deutsch. Nur selten hatte Andrej ihn lesen gesehen. Wenn er das tat, so sollte es ihm etwas nützen, wie zum Beispiel beim Buch über die Geschäftsgepflogenheiten in Deutschland.

Damals, als Andrej ihm das Buch ausgeliehen hatte, schleppte er es eine Woche lang überall mit. Sogar beim Besuch des Hannoveraner Zoos an einem sonnenreichen, frühherbstlichen Sonntag hatte er es dabei. Und da er diese Lektüre nicht ohne ein Wörterbuch zu lesen vermochte, hatte er immerzu sein voluminöses Deutsch-Russisch-Lexikon mit einem Umfang von 200.000 Wörtern in den Rucksack mit eingepackt. Im Zoo legte er beinahe bei jeder Sitzbank eine Pause ein, um die ihm unbekannten Tierbezeichnungen und exotischen Begriffe auf den Infoschildern nachzuschlagen. Aber an diesem Tag hatte sich für ihn das Mitschleppen des Drei-Kilo-Buches in zweifacher Weise gelohnt. Während er und Andrej die friedfertig wirkenden Lamas bestaunten und streichelten, fuhr plötzlich in ein Lamamännchen etwas Rätselhaftes, so dass es blitzschnell seine schmatzende Schnauze auf Murat richtete und ihn ohne Vorwarnung geradewegs anspuckte. Und hätte Murat nicht im allerletzten Moment das Lexikon vors Gesicht geschoben, wären seine prächtige Lockenfrisur und der Schnauzer für den Rest des Tages versaut gewesen.

»Vielleicht war das Tier ausländerfeindlich?«, witzelte Andrej später.

Dr. Dudinger wandte sich nun der Bücherliste zu.

»Ich war beim Buchhändler«, sagte er, »schauen Sie, was es dort alles zu kaufen gibt.«

Er fuhr langsam mit dem Zeigefinger über die Liste.

»Dieses Buch handelt von Problemen verschiedener Einwanderergruppen, mit vielen guten Ratschlägen. Und das hier, das ist über die Integration ...«

»Das sieht man ja«, unterbrach ihn Andrej, »das heißt ja schon passend: ›Richtig integrieren, aber wie?‹«

Er starrte fasziniert auf die Liste. Die Buchtitel versprachen allesamt viel, und es sah aus, als wären die beiden Freunde für die nächsten Jahre mit Lesestoff eingedeckt. Man müsste die Liste lediglich Titel für Titel abarbeiten, überlegte Andrej, und so würde man sicher am Ziel sein. Wer dann noch kein Deutscher ist, der ist doch selbst schuld!

»Gibt es eigentlich Bücher, die von Einwanderern geschrieben wurden?«, wollte Andrej wissen. »Zum Beispiel darüber, wie man sich als Ausländer in Deutschland fühlt und wie man das Land und die Menschen hier erlebt?«

»Nicht dass ich wüsste.«

Dr. Dudinger schaute nachdenklich Andrej, dann Murat an und starrte wieder auf die Liste.

»Hm … Auch in der Buchhandlung habe ich nichts Derartiges gesehen.«

Murat sagte plötzlich: »Wenn kein Buch da ist, dann können Sie doch ein Buch schreiben!«

»Ich? Aber ich bin doch kein Ausländer …«

»Trotzdem«, sagte Murat, »Sie aufschreiben, was wir Ihnen erzählen, und dann ein Buch schreiben.«

Murats Augen tasteten den Rücken des Buches ab, das Dudinger ihm in die Hand gedrückt hatte (und in dem von der gesunden Einstellung zu materiellen Dingen die Rede war), als würde er dort nach dem Preis suchen. Er fügte ernsthaft hinzu: »Und wir dann vielleicht alle drei Millionäre werden!«

Dr. Dudinger sinnierte einen Augenblick lang darüber und entgegnete ihm schließlich schmunzelnd: »Nun, vielleicht mach ich das irgendwann tatsächlich.«

Andrej fand Murats Idee brillant – ein Buch von Einwanderern für die Deutschen, mit einem vollkommen anderen Blick auf das Land. Warum eigentlich nicht?

»Mal ernst«, wandte er sich an den Therapeuten. »Würden Sie es machen?«

»Ich werde es mir überlegen. Ihre Geschichten sind wirklich hochinteressant. Nur, ich muss einfach mal darüber schlafen.« Seine Stimme klang kratzig und verhalten, der Blick schweifte zum Fenster, durch die Scheibe hindurch in den spätherbstlichen Park, der hinter der Villa begann. Kaum ein Baum hatte noch Laub, lediglich auf einer in die Jahre gekommenen Eiche sah man vereinzelt Blätter, die verzweifelt gegen den frostkalten Wind ankämpften.

»Wir könnten aber schon ein paar Skizzen machen«, sagte er auf einmal und wandte sich wieder Andrej und Murat zu. »Wann ich dann die Zeit zum Schreiben habe, weiß ich zwar noch nicht, es wäre aber gut, einige Stichwörter zu haben.«

Er griff zum Papierblock, kritzelte ein Datum auf den oberen Blattrand und schaute bedeutungsvoll Murat an.

»Was möchten Sie uns Deutschen denn erzählen?«

»Ich?«

»Ja. Sie haben es ja vorgeschlagen.«

»Ich … ich bin Murat aus Kasachstan …«, stammelte dieser, »ich lieben Deutschland, ich lieben deutsche Autos und … ich lieben alle Deutschen, besonders die Frauen!«

»Das weiß ich doch schon«, sagte der Therapeut und verdrehte leicht die Augen. »Ich meine, wie fühlt sich Deutschland an? Wie erleben Sie die Menschen hier und was würden Sie ihnen sagen? Es gibt bestimmt etwas, was Sie schon immer sagen wollten, aber sich nicht getraut haben?«

»Was ich schon sagen wollen?«

»Ja!«

Murat räusperte sich kräftig, sein Gesicht wurde auf einmal rot, und er brachte trotz höchster Konzentration kein Wort mehr über die Lippen, außer »Ja ... hm ... ja ... weiß ich nicht ...«

»Und Sie?«

Er wandte sich Andrej zu.

»Hm ...«, gab dieser ebenfalls zur Antwort, fügte jedoch hinzu, »es gibt so einiges, ich denke aber, wir sollten in der Tat einmal darüber schlafen und uns einfach mal Gedanken machen.«

»In Ordnung. Damit haben Sie wieder eine Hausaufgabe.«

Die Stunde war bereits weit fortgeschritten, es war höchste Zeit, zu Murats Therapie überzugehen.

Was ist typisch deutsch?

VOM SPUK DEUTSCHER ALTMEISTER

Am Tag, als die Bewohner des Stadtteils Wettbergen ihre uralten Möbelstücke und sonstigen Krimskrams auf die Straße hinausbeförderten, um das Zeug von der städtischen Müllabfuhr abholen zu lassen, witterte Murat aufs Neue ein sagenhaftes Geschäft.

»Ich werden die Sachen nach Russland exportieren«, verkündete er euphorisch, »dort kriegen ich Geld dafür.«

Er schaffte auf die Schnelle einen Anhänger herbei und überredete seinen Freund Andrej, mit ihm mitzukommen, wobei das Wort »überreden« hier natürlich nicht gänzlich zutrifft. Murat kannte keine sonstigen Freunde, die ein Auto mit Anhängerkupplung besaßen. So musste Andrej mit, ob er wollte oder nicht.

Als sie sich staunend dem ersten Sperrmüllberg näherten, wussten sie schon, ihr Anhänger war viel zu klein.

»Schau! Der tolle Ohrensessel, die Stühle und … der Fernseher«, rief Murat voller Begeisterung, »der noch gut aussehen!«

Auf dem Zettelchen, welches auf dem alten Fernseher klebte, stand zudem geschrieben, das Gerät sei technisch einwandfrei.

Auch Andrej befand es für unfassbar, ein voll funktionierendes TV-Gerät auf einem Müllberg vorzufinden. Es wies lediglich einige Kratzer nebst einem schwärzlich-gelben Brandfleck auf der Oberfläche aus.

Sein Freund trottete indessen aufgelöst von einem Müllberg zum anderen und fasste sich immer wieder an den Kopf, erstaunt darüber, was die Hannoveraner alles entsorgen wollten.

»Jetzt ich werden echt zum Millionär«, plapperte er immer wieder aufs Neue. Er schubste sogar etliche Male Andrej vor Übermut. Wie es schien, fiel es ihm nicht leicht, sich für das eine oder das andere Stück zu entscheiden – außer natürlich für den Farbfernseher, den er augenblicklich im Anhänger verstaute und mit einer ölbeschmierten und staubigen Decke einmummte.

Die Ladefläche des nur drei Meter langen Anhängers war schnell ausgeschöpft. Nur – wohin mit all dem guten Zeug?

»Ich bringen nach Königsberg«, verkündete Murat, »ich nur dort meinen Cousin anrufen.«

Fahren sollte ihn selbstverständlich Andrej, mit seinem klapprigen Auto, dessen Kühler sogleich zu kochen begann, wenn der rote Tachozeiger über die 120-km/h-Markierung hinübergeglitten war. Und dennoch musste Murat nicht lange auf ihn einreden. Königsberg, einst die ruhmreiche Schatzkammer Ostpreußens, hatte Andrej seit seiner frühen Jugend gereizt. Außerdem, sagte sich Andrej, fänden sich dort womöglich eine Menge altdeutscher Spuren. Es könnte ja sein, dass der Besuch dieser Stadt ihn beim Erforschen des germanischen Wesens ein Stückchen weiterbringen würde. Schließlich war Königsberg eine Stadt, mit der man zahlreiche urdeutsche Legenden und Geschichten verband. Gleich der vermeintlich untergegangenen mythischen Stadt Atlantis, die seit eh und je die klügsten Gemüter bewegte, übte Königsberg auf Andrej eine unerklärliche, ja magische Anziehungskraft aus. Und hatte die Stadt in ihrer goldenen Zeit nicht etliche helle Köpfe hervorgebracht? Andrej dachte vor allem an den weltberühmten Romantiker E.T.A. Hoffmann und den Philosophen Immanuel Kant. Nichts hatte er bis dahin im modernen, durch und durch pragmatisch orientierten Deutschland von den Spuren dieser goldenen Ära entdeckt. Nun erhoffte er sich, im alten Ostpreußen Überreste der Zeit aufzuspüren.

Eines herbstlichen Morgens, während die ersten schlaffen Sonnenstrahlen den östlichen Teil der Himmelskuppel streiften, erreichten die jungen Männer die polnisch-russische Grenze, vollbepackt mit allerlei Möbelstücken. Problemlos passierten sie die polnische Grenzkontrolle. Als sie dann auf den russischen Grenzposten zusteuerten, schien alles still zu stehen; kein Fortkommen in der unendlich langen Autoschlange, in der sich ausschließlich polnische und russische Autos tummelten. Nachdem sie sich eingereiht hatten, schlenderte Murat zum Grenzübergang, um zu schauen, was die Ursache für den Stillstand war. Etwa zwanzig Minuten später kehrte er strahlend zurück; er habe die Sache klar gemacht, sagte er, Andrej dürfe vorzugsweise zum Grenzposten vorfahren – an all den vielen schlafenden Autos vorbei. Sie verkniffen sich, den verdutzt glotzenden Autofahrern in der Schlange zuzuwinken.

Als Andrej wissen wollte, wie sein Freund das angestellt hatte, erzählte dieser, er habe dem Grenzbeamten den Farbfernseher vom Sperrmüll versprochen.

Der Grenzbeamte empfing sie freundlich, hielt sich aber nicht ganz an die Absprache. Den Fernseher nahm er dankend

entgegen. Als er jedoch den antiken, mit aufgeplatztem, hell-
beigem Leder überzogenen Ohrensessel ausmachte, befahl er
sofort, das gute Stück auszuladen. Charmant lächelnd erklärte
er, so etwas stünde auf der Liste verbotener Güter, dafür könne er nichts. Der Rest durfte mit.

Knapp eine halbe Stunde später machten sie Halt an der
Stadtgrenze von Königsberg und studierten den Stadtplan.
Zügig lokalisierten sie die noch vor dem letzten Weltkrieg
gepflasterte Straße, in der sich das Mehrfamilienhaus von
Murats Cousin befand. Das betagte, graugelbliche Gebäude,
in dem Sascha sein Leben fristete, wurde ebenfalls zu Zeiten
errichtet, als die Stadt noch zu Deutschland gehörte. Andrej
staunte darüber. Hatte er doch einmal gelesen, die Stadt wäre
vollends zerbombt gewesen und dann neu aufgebaut.

Es gab dort zudem weitere Zeugnisse der deutschen Bau-
kunst, hier und da trafen sie auf Inschriften in altgotischer
Schrift. Andrej glaubte in der Luft eine magisch-fabelhafte
Aura auszumachen. Die Zeit schien stehengeblieben zu sein,
als wären die Menschen, die vor dem Krieg die geschundene
Stadt besiedelten, niemals weggegangen, sondern säßen in ihren alten Wohnungen und kämen jeden Augenblick auf die
gepflasterte Straße hinaus, sobald man es ihnen befahl. Als
Sascha erzählte, dass das Volk, das nun die alten Häuser be-
wohnte, unerklärlicherweise Angst davor habe, die Deutschen
kehrten irgendwann wieder zurück, konnte Andrej es wohl
nachvollziehen.

Mit Begeisterung führte Sascha seinen Gästen die wenigen Reste der Altstadt vor; unter anderem den Königsber-
ger Dom, der immer noch in Ruinen lag. Das trostlos wir-
kende Gebäude, das seit Jahrzehnten kein Dach mehr besaß
und jede Sekunde auseinanderzubröckeln drohte, wäre zum

Wahrzeichen der Stadt geworden, erklärte Sascha, ebenso der asbestverseuchte, nie bezogene Neubauklotz im Zentrum der Stadt – der Neubau wäre ursprünglich als Sitz des kommunistischen Zentralkomitees konzipiert worden. Viele deutsche Pilger habe er in der Nähe der Dom-Ruinen gesehen. Vermutlich seien sie wegen der Grabstätte von Immanuel Kant gekommen.

»Apropos Kant«, sagte Sascha plötzlich todernst, beugte sich vor und flüsterte, »nachts bleibt hier lieber weg.«

»Wieso?«, fragte Andrej.

»Hier spukt's manchmal«, fuhr er fort, »ein Mann hat einmal beteuert, er habe Kant höchstpersönlich hier mitten in der Nacht getroffen.«

»Ach nee …«

Andrej lächelte Sascha dreist entgegen.

»Wirklich!« Er deutete auf das unbewohnte Gebäude des Zentralkomitees: »Auch dort haben Menschen schon oft seltsame Gestalten gesehen, sie haben alle Deutsch gesprochen.«

»Echt?«, staunte Murat.

»Echt!«, bestätigte sein Cousin.

»Vielleicht haben sich dort einfach deutsche Partisanen verschanzt?«, witzelte Andrej.

Sascha starrte ihn verständnislos an. Wie es aussah, war er von der Sache tief überzeugt.

Der Tag neigte sich dem Abend zu, und es wurde allmählich dunkel. Sascha teilte mit, seine Frau habe wahrscheinlich gekocht und warte auf sie. Außerdem müssten sie unbedingt noch die Möbel aus dem Anhänger in den Keller bringen, sonst könne er für nichts garantieren. Nachts bekämen in dieser Stadt überdurchschnittlich viele Gegenstände Beine. Einiges sei schon wie im Bermuda-Dreieck verschwunden und niemals mehr aufgetaucht. Also schlugen sie lieber den Weg nach Hause ein.

»Muss ich mir um mein Auto Sorgen machen?«, wollte Andrej wissen.

»Das kommt in den Hof, damit man es nicht sieht«, beruhigte ihn Sascha.

Pünktlich, nachdem sie die Möbel im Keller verstaut hatten, rief Saschas Frau nach ihnen. Kurz bevor sie die Wohnung betraten, hörten sie das freudeerfüllte Hundebellen direkt hinter der Tür.

»Unser Leschyj«, erklärte Sascha, »er mag gern Gäste …«

Sobald sie die Türschwelle passierten, richtete sich das schulterhohe, pechschwarze Tier plötzlich auf, lehnte seine Pfoten auf Andrejs Brust, drückte ihn vor die Wand und schlabberte schließlich zwei- oder dreimal mit der Zunge an seiner linken Wange. Dabei wedelte er überfreudig mit dem Schwanz.

»Der beißt nicht«, beruhigte Sascha, »er zeigt nur, dass er dich gern hat.«

»D… das hab ich schon gemerkt …« Andrejs Herz hüpfte vor Angst fast aus der Brust, im Nu war er schweißgebadet.

Richtung Murat schickte Leschyj lediglich ein knappes »Wuff«, das sich als ein trockenes »Hallo« deuten ließ.

Saschas Dreizimmerwohnung lag im zweiten Stock. Er hauste dort mit seiner Frau Korina, dem Schäferhund Leschyj, der graugetigerten Katze Murka, die den Tag über schlief und erst gegen Mitternacht aktiv wurde, und einer guten Freundin der Familie, die Mira hieß – sie sei allerdings für ein paar Tage weg, daher könnten die Gäste in ihrem Zimmer nächtigen, teilte Saschas Frau mit.

Sascha erwies sich genauso wie Murat als leidenschaftlicher Geschäftsmann. Er trachtete zwar nicht danach, wie ein wahrer Geschäftsmann auszusehen (er trug einen Marken-Jogginganzug, hatte einen Dreitagebart, eine äußerst ungepflegte Frisur, einen nicht sehr vertrauenerweckenden Blick und gelblich gefärbte Raucherfinger, die er offenbar nur selten wusch), schien sich aber dennoch in der Geschäftsszene der Stadt bestens auszukennen. Während des Abendbrots und auch danach berichtete er ausführlich über die Geschäftsmöglichkeiten in Königsberg, und diskutierte mit Murat darüber, wie man die importierten Möbel zu Geld machen könnte. Einige der Möbelstücke seien nicht zu gebrauchen, war er der Meinung – sie seien zu abgewetzt. Sie aufzumöbeln wäre zu teuer, daher eigneten sich diese nur als Ofenfutter.

Murat stimmte die Nachricht ein bisschen traurig, er war jedoch im Nu wieder in bester Verfassung, als Sascha ihm vorschlug, beim nächsten Besuch Elektro- und Elektronikware in die Stadt mitzubringen. Diese Art von Ware sei sehr gefragt, ungeachtet des technischen Zustandes, in Königsberg könne man solche Sachen für ein paar Kopeken reparieren lassen. Und würde Murat ihm einige tausend Mark überlassen, so würde er auf der Stelle einen Elektronikladen eröffnen und diesen selbstverständlich nach Murat benennen. Die Idee riss Murat mit, und er versicherte dem Cousin, das benötigte Geld baldmöglichst aufzutreiben.

Andrej fühlte, wie seine Augenlider schwer wurden, er gähnte unentwegt und hatte Schwierigkeiten, dem Gespräch zu folgen. Sie hatten die Nacht davor halb Europa durchquert, der Schlafmangel machte sich nun bemerkbar.

Saschas Frau zeigte ihm das für sie hergerichtete Zimmer und das Schlafsofa, auf dem sonst Mira zu ruhen pflegte. Sobald Andrej die Augen geschlossen hatte, verfiel er in einen bärentiefen, friedlichen Schlaf, so dass er gar nicht bemerkte, wie Murat sich wenig später zu ihm legte.

Mitten in der Nacht wachte Andrej auf und nahm als Erstes das treckerlaute Schnarchen seines Freundes wahr, er hörte außerdem ein unregelmäßiges Klopfgeräusch, dessen Quelle er in einer der unteren Wohnungen oder in den Kellerräumen auszumachen glaubte. Es klang, als zerhackte jemand Holz; mal wurde es lauter, mal wieder dumpfer. Auf einmal schepperte es donnerlaut durchs Haus, die Heizungsrohre heulten auf – offenbar schlug irgendein Gegenstand mit voller Wucht gegen die Heizung.

Andrej dachte sofort an die Möbel, die sie am Vorabend im Keller sorgfältig aufeinandergestapelt hatten, und an den Holzklotz, die Holzsplitter und die Axt, die er in einem der Kellerräume zufällig gesehen hatte. Sascha hatte erklärt, dort würden sie während der kalten Zeiten Holz für die alten deutschen Öfen des Hauses aufbereiten. Der Hof wäre zu eng dafür, außerdem wäre er viel zu unsicher, weil dort bereits zahlreiche Dinge spurlos verschwunden waren.

Ihm fiel das Gespräch beim Abendbrot ein, als Sascha sagte, die Hälfte der von ihnen aus Deutschland importierten Möbelstücke seien nur als Ofenfutter geeignet. Und da er wusste, dass Heizstoffe in den russischen Städten Mangelware darstellten, mutmaßte er nun, dass im Keller mit den Möbeln etwas passierte, was sein Freund nicht billigen würde.

Er rüttelte energisch an Murats Schulter. Dieser richtete sich blitzschnell auf, dabei plapperte er vor sich hin: »Was, wo, wer, wann?«

»Hörst du das?«, flüsterte Andrej.

»Was denn?«

»Psss … nicht so laut. Hör doch mal hin.«

»Und?«

»Kommt das wohl aus dem Keller?«

Murat hopste aus dem Bett, war sofort hellwach und drehte einige Runden durch das Zimmer. Eine Minute später waren beide angezogen und schlichen sich barfuß aus der Wohnung hinaus. Sascha wecken wollte Murat vorerst nicht, denn sollten sich ihre Mutmaßungen als Fehlalarm erweisen, wäre ihm die Sache sehr peinlich, hatte er Andrej beim Anziehen zugeflüstert.

Im Dunkeln tasteten sie sich an den Wänden bis in den Keller hinab. Die schwere eiserne Kellertür war lediglich angelehnt, durch den fingerdünnen Spalt schimmerte ein schwacher Lichtstrahl nach außen hindurch. Je näher sie der Tür kamen, desto mehr war sich Andrej sicher, dass das rätselhafte nächtliche Hämmern tatsächlich im Keller verursacht wurde. Sein Freund zog vorsichtig an der Tür, sie heulte verräterisch quietschend auf, und im hinteren Raum, wo sie die Quelle des Lärms vermuteten, stellte sich sofort Stille ein. Wellenartig glitt das aufflackernde Lampenlicht an den Wänden entlang. Es war offensichtlich, dass sich jemand dort aufhielt.

»Ist hier jemand?«, rief Murat auf Russisch. »Hallo?«

Keiner antwortete.

Als sie sich dem Holzklotz näherten, sahen sie um ihn herum einige zerhackte Stuhlbeine aus Murats Möbelsammlung verstreut, es war jedoch keine Seele im Raum.

»Ach du Schande!«, schimpfte Murat.

Andrej fiel auf, dass keine Axt in der Nähe des Holzklotzes zu sehen war. So befürchtete er, sollte sich der nächtliche Friedenstörer verschanzt haben, könnte er die Axt gerade schlagbereit halten.

»Komm, wir verschwinden lieber von hier«, schlug er ängstlich vor.

»Warte.« Murat fixierte seinen Blick auf einen angerosteten Metallschrank, der in einer Ecke an die Wand geschraubt zu sein schien und offenbar als Werkzeugschrank diente. Eine Tür stand halb offen.

Er hob ein nah bei ihm liegendes Stuhlbein und ein Brett mit zwei hervorragenden Nägeln auf, das er Andrej reichte.

»Hier, für alle Fälle ...«

Daraufhin näherte er sich sacht dem Werkzeugschrank und schlug vorsichtig die Tür mit Hilfe des Stuhlbeins auf. Sie gab widerstandslos, jedoch leicht quietschend nach.

»Keiner da«, verkündete er und fügte verblüfft hinzu, »dort ist ein Loch!«

»Wo?«

»In der Wand.«

In der Tat, ein schmales längliches Loch klaffte in der Wand. Machte man sich dünn und bückte sich, so konnte sich ein Mensch durchaus hindurchquetschen.

»Es geht zur Straßenseite«, stellte Andrej fest.

»Und?«

»Wie und? Dort ist kein Keller mehr!«

Murat schien das nicht zu beeindrucken: ein wunderliches Loch, das ins Ungewisse führte, unbeleuchtet und feucht; um den Eingang herum war ein hellweißer, dickpelziger Belag festzustellen, offenbar war es Schimmel; womöglich war dieser die Quelle für den sauermodrigen Gestank, der sich penetrant in ihre Nasen bohrte.

Murat war jedoch nicht aufzuhalten. Der Marodeur, der die Möbel demoliert hatte, gehörte bestraft. Er griff zur Öllampe und sagte: »Komm, er kann nicht weit weg sein.«

Als sie die heimliche Höhle betraten und wenige Schritte getan hatten, streifte plötzlich ein angenehm warmer Luftstrom ihre Gesichter – keine Spur von Feuchtigkeit, die Luft war durchweg trocken. Und als sie dann um die Kurve des Tunnels bogen, bemerkten sie, dass in der Ferne ein Licht flackerte.

»Da ist er!«, freute sich Murat.

Je näher sie der Lichtquelle kamen, desto geräumiger wurde der Tunnel, desto wärmer wurde die Luft. Schon bald stellte sich heraus, die Lichtstrahlen fielen durch eine Türöffnung in den Tunnel hinein. Sobald sie die Türschwelle passierten, fanden sie sich in einem großen, hell beleuchteten Flur wieder, der allerdings kein einziges Fenster aufwies. Es sah eindeutig nach Kellerräumen aus, der Betonboden, die Decke und die Wände waren gräulich und nicht gestrichen. Links und rechts entlang des Flures befanden sich zahlreiche Türöffnungen, sie waren jedoch allesamt ohne Türen, so, als wäre das Gebäude noch im Bau.

Sehr überrascht stellten sie fest, dass aus diesen türlosen Räumen leise Stimmen und Musik in den Flur drangen. Sie schlichen sich an die nächstliegende Tür heran und entdeckten dort zahlreiche Menschen. Sie alle hatten sonderbare ältere Trachten an, als wären sie Schauspieler und kämen gerade von einer Theatervorstellung. Sie hockten wie festgenagelt auf Stühlen und glotzten unentwegt in einen Farbfernseher, als hätten sie in ihrem Leben noch nie so ein Ding zu Gesicht bekommen (das Gerät sah übrigens dem Fernseher verblüffend ähnlich, den Murat an der Grenze gelassen hatte). Es lief irgendeine der vielen niveaulosen, aberwitzigen Nachtshows, in dem die Teilnehmer sich auf peinlichste Art verbal angriffen. Verdutzt registrierte Andrej, dass der Fernsehmoderator und seine Gäste Deutsch sprachen. Deswegen glotzten sie also so, dachte Andrej, offenbar hatten sie bis dahin kein deutsches Programm empfangen können oder sie schauen es einfach um der deutschen Sprache willen. Wie konnte es aber sein, dass sich so viele auf einmal in dieser russischen Stadt dem Deutschlernen widmeten? Und das noch zu solch später Stunde?

Andrej verschluckte beinahe die Zunge, als einer der Fernsehzuschauer ihnen sein todbleiches Gesicht zuwandte und in akzentfreiem Deutsch deklamierte: »Meine Herren, der Meister erwartet Sie bereits! Sein Zimmer befindet sich einen Stock höher!«

»Was!?«

Murats Kiefer klappte für einige Sekunden hinunter.

»Ich sagte, der Meister erwartet Sie!«

Daraufhin starrte der leichenähnliche Mann wieder in die Glotze.

»Welcher Meister?«, fragte Murat.

Der Mann deutete mit einer Hand nach oben, ohne ihn anzugucken.

»Komm ... wir gehen.«

Andrej berührte den Arm seines Freundes.

»Die Lampe kannst du, glaube ich, erst mal auspusten«, sagte er zu Murat, als er die flackernde Feuerzunge erblickte.

Während sie Richtung Treppe gingen, die sie am Ende des Flures lokalisiert hatten, sahen sie in anderen Räumen ebenfalls Menschen in wunderlichen Trachten. Allesamt hatten sie einen altmodischen Haarschnitt, manche trugen glänzend-schwarze Zylinder auf dem Kopf. Keiner von ihnen scherte sich um Murats und Andrejs neugierige Blicke. Kindern gleich waren die einen in Spiele vertieft, die anderen blätterten in der Zeitung oder in einem Buch, und die dritten hielten friedlich auf Stühlen ein Schläfchen.

Nachdem sie die weißmarmorne Treppe hinaufgeklettert waren, standen sie plötzlich in einer Halle mit unzähligen spiegelverkleideten Säulen. In die bodentiefen Fenster trauten sich indessen die ersten Strahlen der aufgehenden Sonne hinein, sie tauchten tief in die Spiegel und brachten den Raum zu einem zauberhaft schillernden Leuchten.

»Hierher meine Herren, treten Sie näher!«

Eine dröhnende Stimme hallte aus einer Ecke, in der ein wuchtiger runder Eichentisch stand. Um den Tisch herum hatten einige wichtige Herren Platz genommen, sie waren ebenfalls in alte Theatertrachten gekleidet – mit schneeweißen Krägen, bunten Halstüchern, die meisten trugen dunkle Fracks. Auch diese Herrschaften unterhielten sich in einwandfreiem Deutsch.

Als Andrej und sein Freund sich dieser wunderlichen Runde näherten, bekamen sie mit, wie ein Herr mit länglicher Nase, mit Augen eines Thunfisches und ungewohnt hoher Stirn, die wegen der anschließenden Glatze bis zur Kopfmitte reichte, von einem anderen Herrn als »Meister« angesprochen wurde. So folgerte Andrej, dies sei der Mann, der angeblich auf sie wartete. Der Meister thronte auf einem ledernen, hellbeigen Ohrensessel, der aussah wie der Sessel, den sie widerwillig an der polnisch-russischen Grenze zurücklassen mussten. Auf seinem Schoß döste eine graugetigerte Katze, in der Andrej sogleich Saschas Katze erkannte. Sie hatte ein hellrotes Band um den Hals, ein eindeutiges Erkennungszeichen von Murka. Während der Meister ihren flauschigen Hals kraulte, streckte sie ihre Vorderpfoten genüsslich nach oben und schnurrte vergnügt. Die beiden Besucher würdigte sie keines Blickes.

»Das sind also die fleißigen Herren«, sagte der Meister sich mit einem fragenden Blick an die Tischrunde wendend.

»Jawohl, Eure Hoheit!«, gab sein Nachbar mit militärisch grober Stimme zur Antwort.

Andrej durchfuhr es wie ein elektrischer Schlag, die Stimme klang wie die von Herrn Schlüpfmann, ihrem Deutschlehrer. Als er ihn jedoch näher betrachtete, stellte er fest, dass dem nicht so war. Dieser Herr hatte zwar eine gewisse Ähnlichkeit mit Herrn Schlüpfmann, trug jedoch als einziger in der Runde eine Militäruniform, übersät mit lauter Orden. Also war er bestimmt ein Schauspieler, sagte sich Andrej, und nicht ein Lehrer für deutsche Sprache und Literatur.

»Nun«, setzte der Meister fort, »Sie wollen zum Deutschen werden?«

Sein gelangweilter Blick schweifte zu Andrej. Dieser stand barfuß neben Murat und wusste nicht, wohin mit dem Brett, welches ihm sein Freund in die Hand gedrückt hatte, kurz bevor sie sich in den Tunnel gequetscht hatten. Auch Murat hielt noch seine Waffe fest umschlungen in der Hand, offenbar bereit, sie jederzeit einzusetzen – in der anderen Hand hatte er die Öllampe.

»Ja«, erwiderte Andrej. »Wo… woher wissen Sie das?«

»Das ist ein hohes Ziel«, sagte der Herr. »Was gedenken Sie denn dafür zu tun?«

»Muss ich was tun?«

Der Meister lachte ungehalten auf.

»Aber natürlich, mein Herr! Nichts gibt es umsonst: Wollen Sie *etwas* werden, dann müssen Sie sich anstrengen.«

Andrej kochte innerlich. Wer war dieser Mann eigentlich, fragte er sich. Wieso wagte er in diesem Ton über seine Ziele zu urteilen? Und was sollte überhaupt das ganze Theater?

»Ich rate Ihnen, die Bibel zu lesen«, sprach der Herr weiter, »schon der deutschen Sprache wegen. Und dann natürlich mein Werk: Jeder Deutscher, der etwas auf sich hält, sollte es gut kennen. Sonst, befürchte ich, werden Sie keiner von uns …«

»Verzeihung«, unterbrach ihn Andrej verärgert. »Mit wem habe ich die Ehre …?«

»Ach?! Wurden Sie nicht unterrichtet?«

Er schaute fragend einen Mann mit dunkelschwarzen lockigen Haaren und beachtlichen Koteletten an, deren vordere Ecken fast bis zu den Mundwinkeln reichten. »Ernst Theodor, hast nicht du die Herren zu uns gerufen?«

»Ja, habe ich, allerdings …«

Ernst Theodor zögerte.

»Wolfgang …«, stellte sich der Meister nun selbst vor, »Johann Wolfgang von Goethe!«

»Ha, ha, ha …«, lachte nun Andrej unartig.

»Und das sind meine verehrten Kollegen«, fuhr der Meister unbeeindruckt fort, »Ernst Theodor, Immanuel, Friedrich Wilhelm …«

»Hoffmann«, sagte Ernst Theodor und zwinkerte den beiden Freunden zu, während Andrej ihn wie ein Auto anglotzte. Dieser Herr, also Ernst Theodor Hoffmann, glich nämlich auf verblüffende Weise dem Herrn Hoffmann aus Hannover, dem Kollegen von Herrn Schlüpfmann. Dann und wann hatte er sie auch unterrichtet, ihnen manchmal fabelhafte Geschichten aus früheren Zeiten erzählt. Andrej meinte sich zu entsinnen, dass ihr Lehrer ebenfalls mit Vornamen Ernst Theodor hieß.

»Jetzt hören Sie auf!«, brüllte Andrej in den Raum. »Hören Sie auf, mich zu verarschen!«

Er hielt die Ohren zu und ging zügigen Schrittes Richtung Treppe.

»Aber warten Sie doch«, rief der Meister ihm hinterher, »das tut doch nicht weh!«

Als Andrej davor war, die Treppe hinunterzusausen, sah er auf den unteren Stufen einen Kerl in russischer Offiziersuniform warten. Auf der Stelle erkannte er den Grenzbeamten, der ihnen den Ohrensessel abgenommen hatte. Wie es aussah, führte er wieder etwas gegen sie im Schilde. Er starrte böse die Treppe hinauf, seine Ärmel hochgekrempelt bis zu den Ellenbogen, in der rechten Hand hielt er die Axt.

Andrej drehte sich um und rannte in die andere Richtung, wo er den Ausgang vermutete. Er kam jedoch nur langsam voran; seine Beine fühlten sich ungemein schwer an, als ob er mit jedem Schritt in eine schleimklebrige Tonmasse trat. Mit Mühe gelang es ihm, das feindlich gesinnte Gebäude hinter sich zu lassen. Als er dann nach einigen Metern innehielt und Richtung Eingang zurückblickte (er machte sich nun mal Sorgen um seinen Freund), erkannte er sofort den asbestverseuchten Bauklotz, den die Kommunistische Partei ursprünglich für sich beansprucht hatte.

Die Tür flog plötzlich auf, Murat düste hinaus, hinter ihm die Katze, und dann der Grenzbeamte mit der Axt in der Hand. Murat blieb entschlossen an der Eingangstreppe stehen und fuchtelte heldenhaft mit dem Stuhlbein herum, versuchte so, die Axtschläge abzuwehren. Die Katze sprang auf seinen Rücken und bohrte ihre Krallen in seine Haut.

»Aua«, rief Murat lauthals, »Hilfe!«

Einen Augenblick lang erstarrte Andrej in Unsicherheit: Sollte er ihm zur Hilfe eilen oder sich lieber aus dem Staub machen? Just in diesem Augenblick erinnerte er sich aber wieder an Murats Lieblingslied, das von wahrer Männerfreundschaft handelte, und bekam ein schlechtes Gewissen. Er hob den Arm mit dem Brett und stürzte sich in die Schlacht, dabei grölte er: »Für das Vaaa-ter-laaaand!« Welches Vaterland er hier meinte, wusste er natürlich nicht, genauso wenig hätte er sagen können, ob er sich gerade in Deutschland oder Russland befand.

Es gelang ihm ein vortrefflicher Schlag; er traf den Feind mittig auf die Stirn. Dieser zeigte sich jedoch unbeeindruckt und zuckte nicht einmal auf. Plötzlich verspürte Andrej einen heftigen Hieb unter die Rippen, er drehte sich stöhnend um und realisierte verblüfft, dass dieser schmerzhafte Schlag von Murat ausgeteilt wurde (dieser grinste vergnügt und lachte ihm dann schallend entgegen). Und als Andrej sich erneut dem Grenzbeamten zuwandte, sah er schon die Axt zielgenau auf seinen Kopf zufliegen. Er duckte sich, fuhr zusammen und verabschiedete sich innerlich vom Leben. Die Axt fühlte sich jedoch wie Hartgummi an, sie wurde pudelweich, dann glitschig nass und zerfloss schließlich auf Andrejs Gesicht wie Wasser – es schmeckte jedoch eher nach zuckersüßer Limonade. Sobald er die Augen aufmachte, verpasste ihm Murat sogleich drei Schlabberküsse und begann energisch, die Limonade von seinem Gesicht abzulecken. Dann hüpfte Murka ihm auf den Kopf und maunzte: »Das tut doch nicht weh … das Deutschwerden tut nicht weh …« Zwischendurch schnurrte sie vergnüglich und biss ihn am Ende plötzlich ins Ohr …

»Guten Morgen«, sagte Murat und kicherte.

Andrej riss erneut die Augen auf: Direkt vor ihm stand der Hund Leschyj, seine rosarote, lange Zunge hing seitlich aus dem Mund und berührte beinahe Andrejs Nase, er atmete schwer.

»Wuff«, bellte er und leckte freudig an Andrejs Wange.

»Schlecht geträumt?«, fragte Murat. Er stand in der Tür, frisch rasiert, angezogen und amüsierte sich über die Szene. »Es ist schon neun Uhr«, fuhr er fort, »wenn wir was schaffen wollen, sollten wir bald los«.

»Was ist mit den Möbeln?«, fragte Andrej. Er fühlte sich abgeschlagen und hundemüde, konnte sich nicht genau erinnern, wie er in die Wohnung gekommen war.

»Was soll damit sein?«

»Der Grenzbeamte, der hat sie doch zerhackt! Hast du ihn?«

Murat lächelte nicht mehr, sondern schaute seinen Freund mit einem sorgenvollen Blick an.

»Der Grenzbeamte? Zerhackt?«

In diesem Augenblick wurde Andrej gänzlich wach. Aber natürlich, sagte er sich, so einen Quatsch kann ich nur geträumt haben.

»Alles in Ordnung?«, erkundigte sich Murat.

»Ja! Hau ab, ich komme gleich«, sagte Andrej mürrisch und betastete seine Stirn.

»Der war aber verdammt real«, fügte er hinzu, als Murat sich bereits umgedreht hatte.

»Wer denn?«

»Der Traum.«

Nachdem sie gefrühstückt hatten, inspizierten sie dennoch als Erstes die Möbel im Keller. Alles war ordentlich aufeinandergestapelt, alle Stühle heile, die Axt lag neben dem Holzklotz, um ihn herum waren lediglich einige alte Holzsplitter zu sehen. Die Öllampe stand auf dem Werkzeugschrank in der Ecke, die Tür des Schranks war mit einem schweren Hängeschloss abgesperrt. Gern hätte Andrej einen Blick in den

Werkzeugschrank geworfen, jedoch besaß Saschas Nachbar den einzigen Schlüssel, tagsüber sei er nie anzutreffen, sagte Sascha. Er sei bei der Armee, käme stets in der Nacht nach Hause und sei manchmal so laut, dass er die Hausbewohner schon mehrfach aus dem Tiefschlaf gerissen habe. Er habe es sich angewöhnt, das Heizholz direkt in der Wohnung zu zerschlagen, diese würde ja am Tag nicht beheizt.

Während Sascha den letzten Satz sprach, bogen alle drei um die Ecke und hielten verblüfft vor Andrejs Auto an. Sowohl der Wagen als auch der Anhänger hatten keine Räder mehr, stattdessen lediglich Ziegelsteine unter den rostigen Radtrommeln. Es sah ganz danach aus, als hätten die Räder in der Nacht Beine bekommen …

Den ganzen Tag verbrachten sie mit der Suche nach brauchbaren Rädern, denn die Rückfahrt war am Tage darauf geplant. Vier beinahe profillose Räder konnten sie bei einer Werkstatt für einen deutlich überzogenen Preis ergattern. Über Nacht verstauten sie diese unter dem Sofa, auf dem Murat und Andrej schliefen. Erst am Morgen, bevor sie den Rückweg nach Deutschland antraten, schraubten sie diese ans Auto. Der Anhänger, den Murat lediglich ausgeliehen hatte, musste dort liegen bleiben und auf passende Räder warten. Sein Cousin versprach, sich um ihn – und natürlich auch um die Möbel – gut zu kümmern, bis Murat bald wiederkäme.

Am Grenzübergang traf Andrej mit sehr gemischten Gefühlen auf den Zollbeamten, von dem er so bunt geträumt hatte. Dieser war eindeutig verstimmt und nicht gesprächig, obschon er auf dem Hinweg gutherzig gewirkt hatte. Er bat die beiden auszusteigen, und nahm den Wagen beinahe ganz auseinander. Sämtliche Taschen und Koffer mussten sie auspacken und die Gegenstände auf dem ölverschmutzten Betonboden ausbreiten. Er wollte auch unbedingt wissen, wo der Anhänger geblieben war. Kein Wort glaubte er ihnen; sie hätten den Anhänger verhökert, behauptete er. Dafür müsste er Zollgebühren erheben, er könne nichts dafür, das gehöre sich so.

Erst als Andrej ihm heimlich einen Zehnmarkschein zugesteckt hatte, verwandelte er sich auf der Stelle, wurde wieder gutmütig. Während er die Reisepapiere prüfte, lupfte er einmal unbekümmert seine Militärmütze. Entsetzt bemerkte Andrej ein dickes Pflaster auf seiner Stirn, genau an der Stelle, wo das Brett mit den Nägeln im Traum gelandet war.

Als der Beamte die Dokumente zurückreichte, zwinkerte er ihnen plötzlich kumpelhaft zu. Andrej starrte ihn wie versteinert an.

»Der nächste bitte«, drängte dieser aber streng. Er bückte sich dann zu Andrej und flüsterte: »Fahr vor, sonst überleg ich es mir anders!«

Andrej drückte aufs Gaspedal und steuerte das Auto Richtung Westen.

DR. DUDINGER
PLANT EIN BUCH

Bereits zu Sitzungsbeginn verkündete Dr. Dudinger, dass er sich über das geplante Buch Gedanken gemacht habe. Mehr noch, er habe sich darüber mit seiner Frau beraten, sie hätte die Idee ebenfalls sehr interessant gefunden und sich auf der Stelle bereiterklärt, das eine oder andere Kapitel auszuführen, sobald er seine Skizzen vorlege. Für Korrekturen stünde sie selbstverständlich auch zur Verfügung.

»Schön …«, freuten sich Murat und Andrej.

»Lassen Sie uns keine Zeit verlieren.«

Dr. Dudinger griff zum Stift und fuhr fort: »Am Anfang, schlage ich vor, müssen wir ganz allgemein über Ihr Herkunftsland berichten: über die Sitten und Bräuche, dann über Sie persönlich – was Sie dort gemacht haben und wie Sie erzogen wurden. Je nach Platz wäre es sicher sinnvoll, noch ein paar Ihrer Freunde in die Sache miteinzubeziehen, aber das können wir noch später entscheiden. Dieser Teil würde die Hälfte des Manuskripts ausmachen. Erst dann würde ich auf Ihre Erfahrungen in Deutschland eingehen und berichten, wie das Land und die Menschen Ihnen begegneten, was Sie hier vermissen und was Sie uns Deutschen schon immer sagen wollten. Was halten Sie davon?«

»Ich glaube, Murat hat sich schon was überlegt«, sagte Andrej, während der Therapeut sie beide mit einem fragenden Blick anschaute. Er entsann sich einer lebhaften Diskussion, die er mit seinem Freund nach der letzten Therapiestunde geführt hatte. Murat hatte sich damals vorgenommen, etliche Dinge Dr. Dudinger mitzuteilen. Andrejs Meinung nach waren darunter auch Vorurteile gegenüber den Deutschen, doch während dieses Gesprächs hatte es sein Freund nicht einsehen wollen. Nun glotzte er erst Andrej, dann Dr. Dudinger überrascht an..

»Ja … hm … weiß ich nicht …«, stammelte er schon wieder unentschlossen.

»Komm Murat«, forderte ihn Andrej auf und grinste, »hast du nicht erzählt, die meisten Deutschen seien penibel, engstirnig, bürokratisch, unflexibel, manchmal ausländerfeindlich? Sag es jetzt, du hast nun die Chance.«

»Ja …«, zögerte Murat weiterhin, »das habe ich sagen, aber … aber nicht so meinen wollen.«

Ihm war die Aufregung anzumerken, er stotterte sogar und errötete ein wenig.

»Wenn ich ehrlich bin, nach unserer letzten Reise ich mich freuen, wieder hier zu sein.«

Es schien, als sagte er die Wahrheit. Ihm reichte es also, lediglich einmal die chaotische Umbruchstimmung in der Sowjetunion Anfang der Neunziger wiederzuerleben, um sich von sämtlichen Vorurteilen gegenüber den Deutschen innerhalb von nur zwei Tagen zu befreien.

»Ich kann Ihnen gerade nicht folgen«, meldete sich Dr. Dudinger.

»Es ist nicht so wichtig«, sagte Andrej. »Wir waren kürzlich in Königsberg, ich erzähl Ihnen aber ein anderes Mal mehr davon.«

»In Ordnung«, gab er zur Antwort. »Und jetzt?«

»Jetzt?«

»Ich meine, wovon möchten Sie mir heute berichten? Sie hatten doch eine Hausaufgabe.«

Andrej holte zwei Zettel aus der hinteren rechten Tasche seiner Jeans hervor und sagte: »Ich habe mir ein paar Notizen gemacht.«

Er legte einen der zerknitterten Zettel auf den Tisch und strich ihn mit der rechten Hand glatt.

»Nun, es sind auf den ersten Blick viele Dinge, Sie können aber später das Unnötige aussortieren.«

Dr. Dudinger nickte.

»Als Erstes«, las Andrej vor, »sind wir natürlich alle dankbar dafür, dass Deutschland die Tore für Einwanderer offen hält – wenn auch nur beschränkt –, und auch dafür, dass es hier unterschiedliche Programme zum Erlernen der Sprache gibt. Das ist alles gut und wichtig. Sprache ist, wie bekannt, der Schlüssel zur Integration.«

»Das ist nichts Neues.«

»Was wir als ein Problem empfinden, sind die Vorurteile gegenüber den Einwanderern, die von einzelnen Medien weiterverbreitet werden«, setzte Andrej ernst fort. »Es gibt sehr viele unüberlegte, negative Berichte über Einwanderer; sobald ein Einbruch oder sonstiges Delikt passiert, an dem ein Ausländer beteiligt war, werden in den Zeitungen sogleich die Nationalität, sein Dialekt und das Herkunftsland detailgenau geschildert oder darüber gemutmaßt. Verüben dagegen Deutsche ein kriminelles Delikt, so scheinen den Zeitungsreportern die Herkunftsmerkmale nicht weiter wichtig zu sein. Über positive Integrationsbeispiele wird nicht breitflächig berichtet. Und wenn es zu einem Bericht kommt, dann nur am Rande. Die Einwanderersicht auf bestimmte – sie im Allgemeinen und im Einzelnen betreffende – Problematiken wird kaum in den Medien thematisiert, als Journalisten kommen die Migranten nur selten oder gar nicht zu Wort. So entsteht beim Volk ein verfälschtes Bild, man hat weiterhin Angst vor Fremden, und daraus resultiert die Kontaktscheue. Da könnte die Politik etwas machen.«

»Da ist vielleicht etwas dran«, bestätigte Dr. Dudinger und notierte Andrejs Gedanken. »Wobei ich nicht glaube, dass jemand aus der Politik darauf Einfluss nehmen kann oder will. Die Politiker sind um ihr eigenes Image bemüht, sie wollen sich mit den Medienleuten nicht zerstreiten. Außerdem gilt bei uns die Pressefreiheit.«

»Sie könnten doch wenigstens den Unterrichtsstoff in der Schule überprüfen«, sagte Andrej, »zum Beispiel im Fach Geschichte oder Geografie. Ich habe mich neulich mit einigen Schülern unterhalten und festgestellt, dass sie absolut keine Ahnung hatten, wo Kasachstan liegt und warum Menschen von dort nach Deutschland kommen. Bei den anderen Einwanderergruppen wird es sicher genauso sein. «

Murat nickte ebenfalls bestätigend, verlor jedoch kein Wort.

Dr. Dudinger machte sich konzentriert Notizen.

»Das ist ja schon fast druckreif«, kommentierte er Andrejs Gedanken, ohne zu ihm aufzusehen.

»Es ist sicher legitim, von Migranten das Erlernen der deutschen Sprache zu verlangen«, las Andrej weiter, »nur ist das zu wenig. Allein dadurch kann der Erfolg von Integration nicht gewährleistet werden. Ich behaupte, die Integration ist ein wechselseitiger Prozess, und deshalb muss auch den Deutschen einiges abverlangt werden.«

»Wollen Sie, dass wir Türkisch oder Russisch lernen?«, scherzte Dr. Dudinger.

»Nein«, antwortete Andrej. »Ich meine nicht die Sprache, obwohl das in Einzelfällen natürlich hilfreich wäre. Ich wünschte mir mehr Vertrauen zu Einwanderern.«

»Wie meinen Sie das?«

»Vielleicht etwas mehr Verständnis für die Andersartigkeit. Ein Einwanderer muss nicht nur die ihm fremde Sprache erlernen – die er übrigens Zeit seines Lebens lernen muss, um sie wirklich gut zu beherrschen –, sondern auch die deutsche Mentalität durchdringen, von allen Seiten abtasten und verinnerlichen, um das Leben hier im Lande zu begreifen. Und dies ist ein sehr, sehr langer Prozess, der auch beim besten Willen seitens eines Menschen nicht beschleunigt werden kann. Die Folge davon kann Resignation und Verzweiflung sein. Ich musste am Anfang oft Ungeduld und Unverständnis erleben, wenn ich meine Gedanken und Gefühle in deutscher Sprache zum Ausdruck bringen wollte, und das trotz relativ guter Sprachkenntnisse. Auch jetzt merke ich, dass mir so manches Mal etwas fehlt, um mich wirklich verständlich zu machen. Kommunikation ist viel mehr als nur Worte, sie umschließt die ganze Person. Wie sollen sich dann Ausländer mit schlechteren Sprachkenntnissen hier zurechtfinden, geschweige denn anpassen?«

»Darum schließen sich manche Gruppen in Ghettos zusammen«, stellte der Therapeut fest.

»Sie haben natürlich recht, aber sie grenzen sich nicht nur deshalb ab. Manchmal haben sie einfach keine andere Wahl, denn ich weiß aus Erfahrung, wie schwierig es derzeit für Aus-

muss man gediegen sein!

länder ist, in sogenannten gediegenen Gegenden einen Miet-
vertrag zu bekommen. Aber das nur am Rande. Zurück zum
Vertrauen: Wenn ich Vertrauen sage, dann meine ich zugleich
das Zutrauen. Einwanderer erwarten mit Sicherheit, dass man
ihnen nicht nur vertraut, sondern etwas zutraut. Ganz konkret: auf dem Arbeitsmarkt. Es gibt unzählige Akademiker
unter ihnen – ich kenne eine Reihe von Menschen persönlich –, die keine Anerkennung ihrer ausländischen Diplome
bekommen haben. Ihnen wurden völlig fachfremde, gar ab-
surde Umschulungsmaßnahmen angeboten und sie wurden
dazu gezwungen, neue Berufe zu erlernen. So habe ich schon
mal einen Masseur getroffen, der in seinem früheren Leben
Lehrer war, und einen Arbeiter am Band, der in seinem Herkunftsland eine Ausbildung als Ingenieur absolviert und sogar
als Oberingenieur gearbeitet hatte. Könnte man diese Menschen nicht gezielter einsetzen, ihre Erfahrungen nicht besser
nutzen? Und finden Sie nicht, dass diese Menschen sich elend
fühlen müssen?«

»Das mit Sicherheit«, sagte Dr. Dudinger und notierte weiter. Dann schaute er einmal auf und fragte: »Entschuldigen
Sie, aber der eine oder andere würde wahrscheinlich an dieser
Stelle einwenden: Warum gehen diese Menschen dann nicht
einfach zurück in ihr Land, wo sie herkommen? Wären sie
dann nicht glücklicher, wenn sie das wären, was sie schon immer sein wollten?'«

»Die Frage ist natürlich berechtigt, es ist jedoch nicht so
einfach, das zu tun. Die meisten Migranten haben dort alles aufgegeben: den Freundeskreis, eine gute Stelle, Haus und
Hof. Ihre Verwandtschaft hat meist ebenfalls ihren Wohnort
gewechselt, die Kinder leben seit Jahren in Deutschland und
können besser Deutsch als die Sprache des Herkunftslandes.

So wäre die Sache allein wegen der Kinder ein viel zu großes Risiko. Denn wer will schon, dass die eigenen Kinder den gleichen, vielleicht noch schwereren Weg gehen, den man selbst gegangen ist?«

»Das ist plausibel«, meinte Dr. Dudinger. »Und was erwarten Sie noch von den Deutschen, außer Verständnis und Vertrauen?«

Andrej stockte für einen Moment und sammelte seine Gedanken. »Ich habe hier in der Tat noch eine wichtige Sache«, sagte er und drehte dabei seinen Zettel um. »Ich habe schon erwähnt, dass ich die Integration als einen wechselseitigen Prozess verstehe. Also, denke ich, könnte sie besser gelingen, wenn mehr aktive Hilfestellungen seitens der einheimischen Bevölkerung erbracht werden würde.«

»Das heißt konkret … finanziell?«

»Nein, eben nicht! Konkret meine ich, mehr Mut zu haben, um auf Einwanderer zuzugehen. Menschen sind kreativ, in jeder Stadt, in jedem Ort wird man die Sache individuell angehen. Wenn Sie erlauben, lese ich Ihnen noch einen Satz vor.«

»Ja, natürlich.«

»Den Einwanderern und den Deutschen muss die Unsicherheit im Umgang mit der ihnen fremden Kultur genommen werden. Die Einwanderer sollten bei der Hand genommen und auf dem langen, dornigen Weg ihrer Integration begleitet werden. Man muss Lösungen finden, wie man sie aus ihrem Versteck herauslockt und in die Gesellschaft einbindet. Auch wenn manche Migranten es scheinbar nicht wollen und sich zurückziehen, in ihrem tiefsten Inneren wollen sie es doch!«

Andrej hielt inne, sein Blick schweifte zum Fenster, dann in den Park. Der böige Wind jagte die ersten Schneeflocken gegen die doppelverglasten Fensterscheiben. Zwei kahle, betagte

Eichen, die Andrej unschwer beobachten konnte, fuchtelten mit den Ästen wild um sich herum, als wehrten sie sich gegen das kühle, weiße Schneegewand. Trotz ihrer scheinbaren Altersweisheit glichen sie launischen Kindern, als wollten sie nicht begreifen, dass Mutter Natur es gut mit ihnen meinte.

Dr. Dudinger notierte sorgfältig Andrejs Gedanken zu Ende, blickte auf die Uhr und sagte: »Wir haben schon eine ganze Menge zusammen. Fürs erste Mal reicht es, denke ich, ich muss mich ja noch mit Ihrem Freund beschäftigen.«

»In Ordnung«, antwortete Andrej.

»Ich wäre Ihnen allerdings dankbar, wenn ich Ihre Entwürfe mitnehmen darf. Vielleicht kann meine Frau damit schon etwas anfangen. Sollte etwas nicht klar sein, so könnten wir es später besprechen.«

»Aber natürlich.« Andrej überließ ihm bereitwillig die zerknitterten Blätter.

VÄTERCHEN FROST SCHLÄGT DEN WEIHNACHTSMANN

Murat und Andrej hatten bereits zweimal versucht, Dr. Dudinger mit seiner Gattin zu sich nach Hause einzuladen. Es kam jedoch nicht zum gemeinsamen Dinner. Die angesetzten Termine platzten aus verschiedenen Gründen. Schließlich kam Murat auf die Idee, das Ehepaar zur Weihnachtsparty in der Schule einzuladen, die zugleich ihre Abschlussparty sein sollte. Der Therapeut schien von der Sache sehr angetan zu sein, er sagte auf der Stelle zu, ohne sich mit seiner Frau zu beraten. Murat erklärte ihm allerdings, er dürfe dort nur unter der Bedingung erscheinen, dass er sich nicht als sein Therapeut ausgebe.

»Sagen Sie einfach, Sie sind ein Geschäftspartner von mir«, empfahl er (in gewisser Weise stimmte das ja auch, denn hatte nicht Murat den guten Ratschlag gegeben, gemeinsam das Buch zu schreiben?).

»In welcher Branche soll ich denn tätig sein?«, wollte Dr. Dudinger von ihm wissen und schmunzelte. »Gesundheitsbranche? Im Vertrieb von gesunden Produkten?«

»Nein, lieber in der Autobranche«, schlug Murat vor. »Sagen Sie, Sie haben ein Autohaus auf dem Lande.«

Die Mädchen des Kurses rissen die Organisation des Festes an sich. Es sollte etwas Außergewöhnliches werden und die Partygäste mächtig beeindrucken, zumindest was den kulinarischen Teil des Abends betraf. Sie planten ein Kochkünstefest, auf dem sie alle sowjetischen Nationalküchen vorstellen wollten.

Außer Dr. Dudinger lud Murat natürlich auch weitere Geschäftspartner ein, darunter seine Chefs Jurek und Jürgen. Die beiden witterten sofort eine Chance und drängten darauf, ihre innovativen Produkte auf der Party zu präsentieren. Die Mädchen waren davon zuerst nicht begeistert, als Murat aber ihnen von den Wundertöpfen seiner Firma berichtete und in Aussicht stellte, dass die komplette Kochausrüstung für die Party von der J & J Pro Gesundheit GmbH geliefert werden würde, lenkten sie in die Sache ein. Eine Bedingung stellten sie bloß: Die Verkaufsveranstaltung sollte etwa eine Stunde vorher beginnen und zu Beginn der Party beendet sein. Während der Feier dürften Jurek und Jürgen allerdings ihre Verkaufsprospekte unter die Gäste bringen. Wie sie das machten, sei ihnen frei überlassen. Murat sollte zudem weitere Programmpunkte organisieren.

»Du kannst zum Beispiel einen Zauberer oder einen Striptease-Tänzer engagieren«, witzelten die Mädchen.

»Ich gucke, was ich machen kann«, sagte Murat. »Ich kenne da eine Schauspielerin, ich fragen sie einfach.«

Andrej entsann sich augenblicklich Ulla, die er vor nicht so langer Zeit im städtischen Hallenbad unter misslichen Umständen kennengelernt hatte. Er schämte sich immer noch, wenn er daran dachte, wie ihm damals die Badehose abhanden gekommen war. Was hätte er bloß getan, hätte der Bademeister nicht das textilfreie Baden verkündet?

Über die Musik für die Party sollte sich Andrej Gedanken machen, sagte Lilly. Er wäre schließlich Musiker und könne sich etwas einfallen lassen. Dann kritzelte sie in ihre Liste seinen Namen, ohne seine Zustimmung abzuwarten. Andrej fiel ein, dass es in der Schule zwei weitere Musiker gab: den Trompeter Sergej und den Gitarristen Viktor. Nun war er sogar beglückt über diese Aufgabe, er fühlte sich plötzlich wieder als *etwas*. Endlich, dachte er, könne er zeigen, was er auf dem Saxophon drauf hatte. Er gründete kurzerhand eine Band, stellte einen straffen Übungsplan auf und arbeitete auf die Schnelle das Repertoire aus. Da alle drei in früheren Zeiten in diversen Bands gespielt hatten, lief die Sache beinahe wie von selbst.

Aus Jux schickten die Mädchen eine Einladung an den damaligen Fürsten von Niedersachsen, Gerhard Schröder. Die Überraschung war groß, als ein Antwortschreiben eintraf. Kein Mensch rechnete damit, dass »im Schloss« jemand darauf reagierte. Dem Brief entnahmen sie, dass der Herr Ministerpräsident ausgerechnet an dem Tag zu einer anderen Feier geladen sei, dort habe er schon zugesagt. Sonst hätte er die anstehende Party gern besucht. Er ließ alle Gäste herzlich grüßen und wünsche ein rundum gelungenes Fest. Es könne aber sein, dass er jemanden als Stellvertreter schicke, hieß es weiter im Brief.

»Ob einer der Minister kommt?«, mutmaßte Lilly, nachdem sie den Brief der Klasse vorgelesen hatte.

»Klar doch, der Bildungsminister persönlich!«, merkte Herr Schlüpfmann an und griente.

Damit die Feier auch wirklich gelänge, fehlte noch ein Weihnachtsbaum. Murat wollte ihn besorgen. Er habe Beziehungen, sagte er, und komme mühelos und sehr günstig an einen drei Meter großen Weihnachtsbaum. Er hielt sein Versprechen und lieferte diesen pünktlich (genauer gesagt: er lieferte ihn zusammen mit Andrej, denn ein Auto mit Anhängerkupplung hatte sonst keiner ...).

Am Vorabend schmückten und dekorierten alle den Baum. Nichts unterschied ihn von einer echten russischen Neujahrstanne, die im Sowjetlande Jahr für Jahr in allen öffentlichen Gebäuden und Betrieben für das Kinder-Neujahrsfest aufgestellt wurde. Nur einige Schmuckdetails, wie die hellweiß bemalten Holzengel, zeugten davon, dass dies ein deutscher Tannenbaum war. Im geräumigen Foyer, in dem die Party stattfinden sollte, hängten die Mädchen ebenfalls allerlei Schmuckzeug auf: bunte Girlanden, Luftballons und eine ganze Menge Lametta. Die Männer bauten ein Bühnenpodest und stellten die Tische mit Stühlen zurecht.

Nach der Präsentation der J & J Pro Gesundheit GmbH, zu der nur fünf Gäste erschienen waren, verriet Murat seinem Freund, sie hätten noch eine große Überraschung im Sack.

»Echt? Was denn für eine?«

»Du später sehen ...«, wich Murat aus und grinste.

Und bis dahin legten Jürgen und er die bunt illustrierten Prospekte mit abgebildeten Schäfchen und Töpfen auf einem Tisch aus. Den Tisch platzierten sie direkt neben dem Eingang. So konnte jeder, der zur Tür hereinkam, die niedlich-glücklichen Schäfchen bestaunen, und während die Gäste es taten, bekamen sie von Jurek persönlich einen Flyer in die Hand gepresst.

Das von Lilly moderierte Abendprogramm begann nach dem ausgiebigen Festmahl. Andrejs Band spielte ein pfiffiges

Jazz-Intermezzo und markierte somit den Show-Anfang. Ein Frauentrio trat als Erstes auf die Bühne und stimmte ein altrussisches Volkslied an. Daraufhin präsentierte ein Tänzer-Quartett, das aus zwei Frauen und zwei Männern bestand, einige stimmungsvolle Volkstänze. Ein Dichter, Alexej, deklamierte sein neuestes (auf Deutsch verfasstes!) Werk. Alles staunte. Es war leider schnell klar, er hatte das lange Epos vorher keinem Menschen gezeigt, der Deutsch gut beherrschte.

Dr. Dudinger und seine Frau hatten an einem der vordersten Tische Platz genommen, nahe der Bühne. Mit am Tisch saßen Herr Schlüpfmann und Herr Hoffmann. Frau Dudinger trug ein langes, schwarzes Kleid. Sie war schätzungsweise im gleichen Alter wie ihr Mann. Die graumelierten Haare reichten ihr bis zu den Schultern und hoben so die feinen Züge ihres mütterlich wirkenden Gesichts hervor. Sie lächelte unaufhörlich wie eine gutgelaunte Chinesin.

Lilly nahm das Mikrofon an sich. Ob die Gäste schon gemerkt hätten, dass der Weihnachtsbaum noch nicht leuchtete, fragte sie. Der russischen Tradition nach müssten alle gemeinsam und laut rufen: »Tannenbäumchen, leuchte auf!« Dann würden seine Lichter angehen.

»Tannenbäumchen, leuchte auf! Tannenbäumchen, leuchte auf!«, grölte das Publikum. Nach dem dritten Mal schob jemand hinter der Bühne den Stecker in die Dose, und der Baum erstrahlte in vollem Glanz.

»Und nun bitten wir das Schneeflöckchen herein!«, verkündete Lilly.

»Was für ein Schneeflöckchen?«, wunderten sich die deutschen Gäste.

»Das ist die Begleiterin von Väterchen Frost«, erklärte sie, »sie geht ihm immer voraus.«

»Schnee-flöck-chen, Schnee-flöck-chen, komm!«, kreischte es im Foyer. Alsbald öffnete sich die Tür, und auf die Bühne stieg – begleitet vom wilden Toben des Publikums – eine in glitzerndes Weiß eingekleidete Märchengestalt, mit langem, nach altrussischer Art geflochtenem Zopf.

»Guten Abend, liebe Gäste«, begrüßte sie die Anwesenden, »ich freue mich sehr, hier zu sein.«

Sie sprach einwandfreies Deutsch, ihre Stimme hörte sich aber nicht mehr mädchenhaft an, klang kratzig und verbraucht, als hätte das Schneeflöckchen seit seinem zehnten Lebensjahr Kette geraucht. Andrej kam sie zudem vertraut vor. Nach dem dritten Satz tippte er auf Ulla, die Schauspielerin aus dem Schwimmbad. Als sie dann begann, die ersten Strophen des allbekannten russischen Weihnachtsliedes »Im Walde war ein Tannenbäumchen geboren« zu krächzen, war er sich der Sache sicher. Ihre äußere Verwandlung war perfekt, sie war kaum zu erkennen. Er fragte sich, ob auch ihre Freundin Silke auf der Party anwesend war, und schon hüpfte diese in einem Babuschka-Kostüm auf die Bühne und stellte sich als Schneeflöckchens ältere Schwester vor (Andrej hatte nie zuvor gehört, dass das Schneeflöckchen eine Schwester hatte …). Gemeinsam legten sie einen mitreißenden Tanz hin – zur Musik aus einem Kassettenrekorder, den Jurek wie ein Profi-DJ bediente.

»Bravo, bravo!«, rief das Publikum ihnen zu, während die Damen sich nach dem Auftritt verneigten. Ein paar Jungs röhrten lauthals: »Zugabe, Zugabe …«

Das Tanzpärchen folgte den Bitten und kreiste noch einmal auf der Bühne. Daraufhin verkündete das Schneeflöckchen, es sei höchste Zeit, das Väterchen Frost herbeizuzitieren, er halte sich zufälligerweise ganz in der Nähe auf.

Deduschka moros *Nikolaus*

»Vä-ter-chen Frost, Vä-ter-chen Frost!«, brüllten die Gäste.

Väterchen Frost kam jedoch nicht.

»Kann der Alte überhaupt Deutsch?«, fragte Herr Schlüpf-mann und schaute zu Ulla.

Bevor sie antwortete, grölte das Publikum schon in Russisch: »Deduschka moros, deduschka moros …«

Die Tür tat sich endlich mitten im Geschrei auf: Ein echtes Väterchen Frost – im blauweißen Mantel, mit langem, weißem Bart, mit furchteinflößender Rute, in Filzstiefeln und mit einem riesengroßen, bis zum Rand gefüllten Geschenkesack auf dem Rücken – bestieg breitlächelnd die Bühne.

»Guten Tag, liebe Kinder«, wandte es sich in gebrochenem Deutsch an das Publikum, »ich kommen aus dem weiten Sibirien. Ich haben den russischen Zaren Michail besucht. Er euch alle grüßen und schicken Geschenke …«

Andrej durchfuhr es wie ein Blitz, er sprang vor Überraschung vom Stuhl auf. Es war nämlich Murat!

Das Väterchen Frost, also Murat, öffnete den gut gefüllten Leinensack und lud die Gäste ein, die Geschenke an der Bühnenrampe abzuholen. Es bildete sich eine Schlange. (Es gab schließlich etwas umsonst!) Jeder, der sich anstellte, bekam *bekam* eine Geschenktüte. Auf den Tüten entdeckte Andrej den ihm vertrauten Schriftzug »J & J Pro Gesundheit GmbH« und staunte. Für die Frauen gab es außerdem pudelweiche Schäfchen aus Wolle und Sitzkissen mit buntfarbenen Pferde- und Katzenmotiven drauf.

Während der Bescherung schlug plötzlich erneut die Eingangstür auf.

»Ho, ho, ho …«, ertönte eine hallende Stimme, »von drauß vom Walde komm ich her und muss euch sagen, es weih … nach … tet … sehr …«

Die Stimme brach ab: Ein deutscher Weihnachtsmann stand vor der Bühne und glotzte wortlos zu Murat hinauf. Seine dunklen, buschigen Augenbrauen zogen sich sogleich zusammen. Aber auch das Väterchen Frost erstarrte einen Augenblick lang mit weit aufgeklapptem Mund, als wäre es festgefroren. Es reagierte dennoch als Erstes: »W... wo kommst du her ... Bruder?«

»Draußen vom Walde ... um euch ... und dich zu sehen ... Brüderchen.« Der Weihnachtsmann stockte und fuhr dann doch mit fester, tiefer Stimme fort: »Ich soll die Gäste vom Niedersachsenfürsten Gerhard grüßen, er hat auch eine Menge Geschenke mitgegeben.«

Daraufhin holte er den Geschenkesack hinter dem Rücken hervor, der die Bezeichnung »Sack« gar nicht verdiente – es war lediglich ein schwarzer Lederrucksack, der auffällig kleiner als der Kartoffelsack des Väterchens Frost war.

Das Väterchen Frost richtete seinen prüfenden Blick auf den Rucksack und sagte im abfälligen Ton: »Warte ... Wenn ich bin fertig, Bruder, dann bist du dran ... mit deinem kleinen Säckchen.«

Das Publikum lachte über den Witz.

Der Weihnachtsmann schmetterte dem Väterchen Frost einen verächtlichen Blick entgegen, zögerte, als wollte er etwas sagen, und setzte sich schließlich auf einen extra für ihn freigemachten Stuhl an einen der vordersten Tische.

»Gebt mir wenigstens ein Bier, sonst streike ich hier!«, forderte er nun. »Ich habe den ganzen Tag gearbeitet und habe Durst.«

Nach dem ersten Schluck Bier begann er aber, über die Geschenke des Väterchens Frost ungebührliche Bemerkungen zu machen; Werbegeschenke auf einer Weihnachtsparty, das sei doch das Letzte, sagte er einmal so laut, dass man es im ganzen Foyer hören konnte. Das Väterchen Frost schickte sichtlich verärgerte Blicke zu ihm, und als es seinen Sack ausgeleert hatte, gab es dem Weihnachtsmann ein Handzeichen und sagte: »So, Bruder! Jetzt bist du dran.«

Nachdem der Weihnachtsmann ein paar Süßigkeiten und Gebäck ausgeteilt hatte, verabschiedeten sie sich gemeinsam von den Gästen. Das Schneeflöckchen und ihre Schwester trotteten gehörig hinter ihnen nach draußen, begleitet von der Band und dem Publikumsgeklatsche.

»Schöne Grüße an den Fürsten Gerhard«, rief Herr Schlüpfmann heiter und winkte ihnen zu.

»Und an den Zaren Michail«, fügte Herr Hoffmann hinzu.

Es schien, als amüsierten sich die beiden Lehrer prächtig.

Lilly ergriff wieder das Mikrofon und schaute auf ihren Zettel. Während sie den nächsten Programmpunkt ankündigte, kreischte es plötzlich draußen schrill. Alles glotzte Richtung Eingangstür. Die Tür flog auf, das Schneeflöckchen düste hinein und schrie panisch: »Sie … sie schlagen sich tot. Hilfe!«

Jürgen, Jurek und ein paar weitere mutige Männer hasteten hinaus. Der Rest klebte an den Fensterscheiben und sah zu, wie das Väterchen Frost und der Weihnachtsmann sich die Köpfe – ganz und gar nicht brüderlich – einschlugen. Mal saß der Weihnachtsmann auf dem Väterchen Frost oben drauf, mal das Väterchen Frost auf dem Weihnachtsmann. Dann umarmten sie sich und wälzten sich zusammen zur Straße hinüber. Schon bald lief dem Weihnachtsmann Blut aus der Nase und tröpfelte auf seinen schneeweißen Bart. Das Schneeflöckchen huschte erneut zur Tür hinein und fragte: »Ist hier zufällig ein Arzt anwesend?«

Kein Mensch reagierte. Erst als sie kurz davor war, den Raum zu verlassen, meldete sich Dr. Dudinger: »Ich … ich kann helfen.«

»Sind Sie ein Arzt?«

»Nicht so richtig. Ich bin nur Psychotherapeut, aber ich habe auch eine Ausbildung zum Ersthelfer!«

»Dann kommen Sie schnell.«

Er eilte hinter ihr her.

»Ich dachte, er ist Autoverkäufer!«, staunte Herr Schlüpfmann und gaffte dabei Andrej über seine Brille hinweg an.

»Er ist nur nebenberuflich Therapeut«, antwortete Andrej.

»Bitte? Wie geht das?«

»Fragen Sie Murat …«

Er drängelte sich zum weit geöffneten Fenster vor, um einen besseren Blick nach draußen zu haben. Dort beruhigte sich die Situation ein wenig: Jurek und Jürgen hielten das wütende Väterchen Frost fest an den Armen, seine Mütze und die Plastiknase lagen nicht weit vom Straßenrand entfernt auf dem Boden. Während Dr. Dudinger die zerplatzte Augenbraue des Weihnachtsmanns aus einem Autoverbandkasten versorgte, schrien sich die Rivalen immer noch an.

»Weißt du eigentlich, wer ich bin?«, brüllte der Weihnachtsmann.

»Auch wenn du der Papst bist – ist mir scheißegal!«, entgegnete der andere.

»Ich werde dich in den Knast bringen, du … du, Ganove!«

Abrupt bremsend fuhr ein Polizeiwagen vor. Zwei Polizisten, ein Mann und eine Frau, stiegen aus. Sie stellten einige Fragen, machten sich kurze Notizen und baten schließlich die beiden in ihre polizeiliche Kutsche. Das Schneeflöckchen musste als Zeugin auch mit.

Der Weihnachtsmann wehrte sich dagegen, bedrohte sogar die Beamten. Er habe Beziehungen bis nach »ganz oben«, sollten sie ihn mitnehmen, könnten sie mit großen Unannehmlichkeiten rechnen. Nichts half jedoch. Da der Mann mit dem blutgetränkten Bart und dem Pflaster am Auge sich nicht ausweisen konnte, drängten die Polizisten ihn in den Wagen hinein. Als die Türen zuknallten und der Motor aufheulte, gab Andrej seinen Bandkollegen ein Zeichen. Im Vierfünftel-Takt ertönte ein schrilles Saxophonsolo. Sobald der letzte Takt verklang, verkündete Lilly: »Und jetzt, liebe Freunde, ist Zeit für die Disko!«

Im Nu wurden die Tische und Stühle entlang einer Wand aufeinandergestapelt, und die Party nahm ihren gewohnten Gang.

Murat tauchte dort erst gegen Mitternacht auf; er war wieder in seine gewöhnliche Geschäftsrobe gekleidet und schien überaus bedrückt zu sein. Als Andrej sich bei ihm erkundigte, wie die Sache auf der Polizeiwache ausging, winkte er lediglich ab. Er dürfe nichts erzählen, sagte er, er habe eine Erklärung unterschrieben.

Andrej blieb dennoch die ganze Nacht seinem Freund auf den Fersen und versuchte etliche Male, ihm das Geheimnis zu entlocken. Murat zeigte sich ungewohnt hartnäckig. Würde er es offenbaren, sagte er, dann drohe ihm vielleicht eine Millionenstrafe, und da er das Geld nicht habe, wisse er nicht, wie es dann enden könnte. Also halte er lieber den Mund, es sei denn, Andrej würde irgendwo eine Million auftreiben.

Andrej hörte ihm verdutzt zu, er war sich nicht sicher, ob sein Freund es ernst meinte oder ihn mal wieder verschaukeln wollte.

Dann zwinkerte Murat plötzlich, klopfte ihm auf die Schulter und lachte vergnügt auf. Es sei jemand aus dem »Schloss« gewesen, verriet er bloß, den Namen könne er aber auf keinen Fall preisgeben. Als er und der »Weihnachtsmann« nämlich auf der Polizeiwache angekommen waren, hatte der Weihnachtsmann sofort einen Anruf tätigen wollen. Zehn Minuten später wäre ein dicker Schlitten vorgefahren. Der Chauffeur legte den Ausweis des Weihnachtsmanns der Polizei vor. Sobald der Beamte den Namen laut vorgelesen hatte, errötete er auf der Stelle, gab den Ausweis mit zittrigen Händen zurück und entschuldigte sich mindestens fünfmal. Der Weihnachtsmann deutete dann abfällig auf Murat und sagte mit kräftiger Bassstimme: »Und den da … lasst ihn eine Schweigepflichterklärung unterschreiben, sonst kann ich für nichts garantieren!«

STOLZ, EIN WESSI
ZU SEIN!

E s war Zeit, abzureisen. Am Tag nach der Weihnachtsparty verstaute Andrej Bratpfanne, Kochtopf
und Saxophon in dem alten sowjetischen Koffer
und fuhr in die legendäre Cherusker-Stadt Detmold zurück –
zu seinen lieben Verwandten, Onkel und Tante.

Er hatte kein bisschen Lust, den für ihn zuständigen Sach-
bearbeiter vom Arbeitsamt wiederzutreffen. Er erinnerte sich
noch genau daran, wie dieser sich über ihn etwa ein Jahr zuvor lustig gemacht hatte. Darum ging er dort gar nicht hin.
Hinterher mutmaßte er aber, der Arbeitsbeschaffer hätte ihm
höchstwahrscheinlich einen vernünftigen Job angeboten.
Vielleicht sogar als Fernsehreporter oder als Zirkusdirektor.
Schließlich konnte er nun fast perfekt Deutsch.

Jedoch diese Jobs interessierten Andrej nicht mehr so recht, sie
waren keine Traumjobs für ihn. Er wartete ein paar Monate
und suchte dann eine alte Universität auf. Dort wollte er weiterhin die Fragen des Seins und die germanischen Eigenarten
studieren. Denn trotz der vielen Gespräche mit Dr. Dudinger
verspürte er in sich das Bedürfnis, diese Dinge gründlicher zu

erforschen. Je länger er sich mit ihnen befasste, desto deutlicher wurde ihm, wie grenzenlos diese Themen waren. Beim Durchblättern einer Zeitung fiel ihm eines Tages ein Spruch ins Auge. Er stammte von dem einst sehr bekannten schottischen Schriftsteller Thomas Carlyle und lautete wie folgt: »Ein Mensch weiß nicht, was er weiß, bevor er weiß, was er nicht weiß!«

Wie recht er hat!, dachte Andrej.

Sein Freund Murat war in Hannover geblieben und hatte die wichtigen Dinge des Lebens auf eigene Art und Weise ergründet. Nebenbei machte er Karriere in der Firma von Jurek und Jürgen, veräußerte unzählige Töpfe, Bratpfannen und die super Merino-Wollbetten. Nachdem er nach Jahren endlich seine erste Million angespart hatte, legte er sich einen bescheidenen Autohof zu (auf dem Lande!) und wurde nach und nach zum erfolgreichsten Autoverkäufer und Exporteur in der Gegend. Seine Fahrerlaubnis hatte er bis dahin wiedererlangt – Dr. Dudinger hatte natürlich sein Wort gehalten. So konnte er all die flinken, Hunderte von PS-starken Autos stets Probe fahren, bevor er sie beim Großhändler erwarb.

Das Buch über die Integration hatte Dr. Dudinger in nur wenigen Monaten geschrieben. Murat hatte darauf bestanden, es in einem Selbstverlag zu publizieren und versuchte dann, das Werk direkt an die Buchhändler zu vertreiben. Über zweihundert Buchhändler habe er persönlich aufgesucht, berichtete er später. Die meisten zeigten sich vom Thema überaus angetan, sobald sie jedoch erfuhren, dass Murat der Verleger, der Autor und zugleich der Vertreiber in einer Person war, rümpften sie misstrauisch die Nasen. So ein Multitalent hätten sie noch nie erlebt, ließen ihn einige wissen und erbaten sich Zeit, um sich darüber Gedanken zu machen. So ein Multitalent gebe es nicht noch einmal auf der Welt, entgegnete ihnen Murat.

Als er Wochen später nachhakte, sagten sie ihm der Reihe nach ab.

»Ausländerfeindlich sind sie alle!«, schimpfte Murat. So war es also gekommen, dass er kein Verleger geworden war, sondern lediglich Autoverkäufer.

Andrej hielt zu ihm regen Kontakt, auch wenn ihre Ansichten, was die wichtigen Dinge des Lebens betraf, immerzu grundverschieden blieben. All die ernsthaften Gespräche mit Dr. Dudinger hatten bei Murat nicht gefruchtet, außer dass er begriff: eine Freundschaft wiegt viel mehr als eine Million. Er hörte auf seinen Freund Andrej selbst dann nicht, als dieser einen Doktortitel erlangt hatte und zu einem ordentlichen Dozenten an einer deutschen Hochschule wurde. Ihre Gespräche mündeten oft in turbulenten Diskussionen, beide wurden dabei aufbrausend und ungehalten. Dennoch schadete es ihrer Freundschaft in keiner Weise. Sie fühlten sich auf eine magische Art miteinander verbunden und hegten gegeneinander keinerlei Groll. Bereits einen Tag nach so einem Treffen taten beide, als wäre gar nichts geschehen – ganz so, wie es sich bei einer echten Männerfreundschaft gehört.

Murats Steine von der Berliner Mauer nahmen auch nach zehn Jahren kaum an Wert zu, er bewahrte sie trotzdem in einer bombensicher eingemauerten Safevorrichtung im Autohaus auf. Es könne ja sein, war er der Meinung, die Steine erlangten erst nach zwanzig Jahren einen Millionenwert.

Andrej schmunzelte immerzu über derlei Eigenarten seines Freundes, schämte sich jedoch nicht, das eine oder das andere flotte Auto bei ihm zu einem Freundschaftspreis zu kaufen. Murat witzelte: Andrej brauche so ein Auto, damit Menschen sahen, dass er *etwas* sei. Einmal wagte er sogar zu behaupten, sein Freund habe nur dank eines Autos mit vielen PS ein deutsches Mädchen (mit dem er später eine Familie gründete) an Land gezogen. Vergeblich konterte Andrej, er fahre flinke Autos ausschließlich des Genusses willen, und keineswegs, um jemanden damit zu beeindrucken.

Wie dem auch sei, Präsident von Kasachstan wurde Murat nicht, aber was nicht sei, könne noch werden, beteuerte er. Vorsorglich begann er eines Tages, beachtliches Geld in dieses aufblühende Land zu investieren, verriet seinem Freund jedoch nicht, was für eine Art von Geschäft das war. Parallel dazu kaufte er hektarweise Ländereien irgendwo in Südamerika, um dort angeblich später Landwirtschaft und Viehzucht zu betreiben. Wie soll das wohl gehen, wollte Andrej wissen. Kasachstan und Südamerika seien doch Tausende von Kilometern voneinander entfernt? Irgendwann, sagte Murat, wenn es so weit sei, würde sein Freund den Sinn der Sache als Erster erfahren.

Die beiden Männer hatten natürlich nach der gemeinsamen Zeit in Hannover viele weitere aufregende Abenteuer erlebt; sie gingen zusammen auf Reisen, entdeckten die Welt, lernten andere Völker und deren Sitten kennen. Einmal nahmen sie mich sogar mit, ich kam von der Reise halbtot nach Hause, mehr davon jedoch später.

Aber was wurde eigentlich aus Andrejs sehnlichstem Wunsch, ein echter Deutscher, ein Wessi zu werden? Ging sein Traum in Erfüllung? Soweit ich weiß, nur zum Teil. Er vertraute mir einst an, das Thema gebe ihm auch nach vielen Jahren immer noch keine Ruhe, ganz so, wie der nette Dr. Dudinger vorausgesagt hatte. Die zwei Seelen, die er Tag für Tag in sich verspürte, meldeten sich dann und wann unterschiedlich laut zu Wort. Die eine behauptete: »Du bist ein Kasache!« Die andere warf entgegen: »Nein, du bist schon ein Deutscher.« Die eine sagte: »Von mir ist mehr drin.« Die andere schmetterte: »Hör doch auf, sieht dich bloß an!«

»Ich bin ein Erdenbürger«, brüllte Andrej sie manchmal an und haute dabei auf den Tisch, »mir doch egal, was ihr euch einbildet.«

Dann und wann kam es vor, dass er in seiner Umgebung in der Tat nicht sofort als Einwanderer identifiziert wurde. Er verfeinerte seine Aussprache, kleidete sich wie die echten Wessis, ließ sich die Haare schneiden wie sie, statt Andrej nannte er sich Andreas und mischte sich schließlich unerkannt unters Volk. Wenn ihm dieses gelang, dann klopfte er sich selbst auf die Schulter und sagte: »Ich bin stolz, ein Wessi zu sein!«

NACHWORT

Wenn man das Leid, die Nöte der Menschen auf der Welt sieht, die Vorurteile und den Hass zwischen manchen Kulturkreisen, so neigt man bisweilen zur Annahme, der Mensch stehe noch am Beginn seiner Entwicklung. Lichtjahre sind manche Völker und einzelne Menschen voneinander entfernt, als lebten sie auf verschiedenen Planeten, und als seien sie nicht gewillt, zu verstehen, dass der Verstand, der uns gottgegeben ist, vor allem dazu da ist, um Brücken zueinander zu bauen und nicht ausgeklügelte Kriege gegeneinander zu führen.

Sollte dieses Buch nur ein Stückchen zum Bau dieser Brücken, ein Sandkorn zur besseren Verständigung zwischen Deutschen und Russen beitragen, sollte es hier und da ein Lächeln entlocken, so hat es seinen Zweck erfüllt.

Diese Erzählung ist mein erstes Buch, es wäre ohne die Hilfe anderer nicht so erschienen. An erster Stelle möchte ich mich bei Herrn Dr. Wolfgang Kühnhold (dem ehemaligen Lehrstuhlinhaber für Deutsche Sprache und Literatur an der Universität Paderborn) für die Sichtung meiner ersten Entwürfe bedanken. Er hat mich in der Sache bestärkt und ermutigt, mit dem Schreiben weiterzumachen, ebenso hat er viele hilfreiche Tipps gegeben.

Des Weiteren gilt mein Dank Frau Dr. Nicolette Bohn von der Hamburger Schule des Schreibens für das Vorlektorat des Manuskriptes und das freundliche und sachliche Feedback.

Meiner Verlegerin Monika Fuchs danke ich für die Möglichkeit dieser Neuauflage.

Und schließlich danke ich meiner lieben Frau, die Kapitel für Kapitel die Entstehung des Buchs begleitet und es als Erste gelesen hat. Ohne ihre Geduld, ohne ihr Verständnis, ohne die Zugeständnisse der zeitlichen Freiräume, die so ein Projekt benötigt, wäre dieses Buch wahrscheinlich nicht entstanden.

Herford, im November 2015 *Artur Rosenstern*

PS: Haben Sie's erkannt?

Der Satz »Jeder Einwanderer bleibt Zeit seines Lebens ein Einwanderer« (S. 90) findet sich auch in John Irvings Roman »Zirkuskind«.

Die Forderung nach einem Bier mit der Ankündigung eines Streiks (S. 168) stellte Bundeskanzler Gerhard Schröder während einer Autogrammstunde im Jahr 2000.

DER AUTOR

Foto: Michael Tölke

Artur Rosenstern, 1968 als Sohn schwäbisch-russischer Eltern in Kasachstan geboren, reiste 1990 nach Deutschland ein, wo er zunächst als Privatmusiklehrer tätig war. Nach dem Studium der Musik-, Medienwissenschaft und der Mittelalterlichen Geschichte arbeitete er u. a. für Musikverlage im Bereich Musikedition sowie als Übersetzer für russische Sprache. Dies ist sein erstes belletristisches Werk.

Veröffentlichungen in Literaturzeitschriften und Anthologien wie LOG, Driesch, etcetera, RHEIN!, Tentakel u.a. Rosenstern gehört zu den Gewinnern des Berliner Federleicht-Schreibwettbewerbs 2013 und des Leverkusener Short-Story-Preises 2015.

Im Verlag Monika Fuchs publizierte er 2013 die Geschichte »Mein Agent«, eine weitere Erzählung über Murats Bemühungen, Millionär zu werden, in der Anthologie »Autorenträume«.

Mehr zum Autor auf www.artur-rosenstern.de